假如你想欺骗别人，同时自己又不会被骗，你就必须准确知道在哪些方面一些事物与另一些事物相似或不相似。

——苏格拉底，柏拉图《斐德罗篇》

THE COLLECTED TRANSLATIONS
OF WESTERN CLASSICS ON LEGAL LOGIC

西方法律逻辑经典译丛

熊明辉 丁 利 主编

〔英〕埃里克·海因策 著 *Eric Heinze*

徐梦醒 译

The Logic of Equality

A Formal Analysis of Non-Discrimination Law

平等的逻辑

非歧视法律的形式分析

中国政法大学出版社

2017·北京

平等的逻辑：
非歧视法律的形式分析

The Logic of Equality：

A Formal Analysis of Non-Discrimination Law

by Eric Heinze

ISBN：9780754623199

Copyright © Eric Heinze 2003

All Rights Reserved

版权登记号：图字 01 –2017 –1919 号

出版说明

　　"西方法律逻辑经典译丛"系列图书翻译项目由教育部普通高校人文社会科学重点研究基地中山大学逻辑与认知研究所、广东省普通高校人文社会科学重点研究基地中山大学法学理论与法律实践研究中心以及中山大学法学院公共政策与法律制度设计研究中心共同策划，该系列图书由中国政法大学出版社出版。入选本译丛书目的图书均为能够代表"西方法律逻辑"最高学术研究水平的经典著作，计划书目为开放式，既包括"西方法律逻辑"经典教科书，又包括其经典专著。首批由广东省"法治化进程中的制度设计与冲突解决：理论、实践与广东经验"项目资助出版，共推出9部译著，分别是《法律与逻辑》、《法律逻辑研究》、《法律推理方法》、《诉讼逻辑》、《论法律与理性》、《法律论证：有效辩护的结构与语言》、《前提与结论：法律分析的符号逻辑》、《建模法律论证的逻辑工具》、《虚拟论

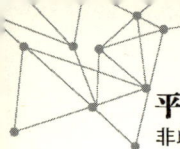

证：论法律人及其他论证者的论证助手设计》。同时，该 9 部译著也是熊明辉教授承担的国家社科基金重点项目"全面推进依法治国的逻辑理性根基研究"（2013）、广东省高等学校珠江学者岗位计划资助项目（2013）和中山大学重大培育项目"依法治国的逻辑问题研究"（2013）联合资助的一项重要成果。鉴于第一批成果取得良好的社会效果，我们决定启动第二批译著，共 11 部，分别是：《对话法律：法律证成和论证的对话模型》、《平等的逻辑：非歧视法律的形式分析》、《锚定叙事理论：刑事证据心理学》、《推理导论》、《证明责任、推定与论证》、《宪法权利的逻辑》、《自由权利的逻辑》、《诉讼博弈》、《法律谈判简论》、《论证评价与证据》和《论证、故事与刑事证据》。

他山之石，可以攻玉。相信本译丛之出版不仅有助于推动我国法律逻辑教学和研究与国际接轨，而且为法治中国建设提供一种通达法律理性和逻辑理性、实现公正司法的工具。

熊明辉　丁　利
2016 年 6 月 15 日修订

总　序

　　法律逻辑有时指称一组用来评价法律论证的原则或规则，其目的是为法律理性和法律公正提供一种分析与评价工具；有时意指一门研究法律逻辑原则或规则的学科，即一门研究如何把好的法律论证与不好的法律论证相区别开来的学科。

　　自古希腊开始，法律与逻辑就有着密不可分的联系，甚至可以说，逻辑学实际上就是应法庭辩论的需要而产生的，因为亚里士多德（Aristotle）《前分析篇》中的"分析方法"后来演变成"逻辑方法"，它实际上是针对当时的智者们的论证技巧而提出来的，这些智者视教人打官司为基本使命之一。亚里士多德把逻辑学推向了对普遍有效性的追求，这导致了这样的结果：论证的好坏与内容无关，而只与形式有关。19 世纪末，亦即在弗雷格（Frege）发展出了数理逻辑之后，"形式逻辑"一度成为"逻辑"的代名词。法律与逻辑的关系似乎渐行渐远。因此，有人说逻辑

就是形式逻辑，根本不存在特殊的法律逻辑，故法律逻辑至多是形式逻辑在法律领域中的应用。事实上，法律推理确实有自己的逻辑，并且这种逻辑指向的是与内容相关的实践推理。正因如此，如佩雷尔曼（Perelman）所说，在处理传统上什么是法律逻辑的问题时，有人宁愿在其著作中使用"法律推理"或"法律论证"之类的术语，而避免使用"逻辑"一词。

20 世纪 50 年代，以图尔敏（Toulmin）和佩雷尔曼为代表的逻辑学家们开始把注意力转向实践推理，特别是法律推理领域，开辟了法律逻辑研究的新领域。特别是非形式逻辑学家与论证理论家们把语境因素引入到日常生活中真实论证的分析与评价上来，这为法律逻辑研究找到了一个很好的路径。如今，法律逻辑研究需要面对"两个大脑"：一是"人脑"，即法官、律师、检察官等法律人是如何进行法律论证的；二是"电脑"，即为计算机法律专家系统中法律论证的人工智能逻辑建模。前者的逻辑基础是非形式逻辑，而后者的逻辑基础是形式逻辑。如果说形式逻辑对论证的分析与评价仅仅是建立在语义和句法维度之上的话，那么，非形式逻辑显然在形式逻辑框架基础之上引入了一个语用维度，因此，我们不再需要回避"法律逻辑"这一术语了。

熊明辉　丁　利
2014 年 5 月 31 日

译 者 引 言

　　本书是熊明辉与丁利共同主编的"当代西方法律逻辑经典译丛"之一。诸多政治学家、法学家、社会学家乃至经济学家都在思考，世界是否正在走向越来越公平和富裕的未来，并对社会公平和国际人权的反歧视性都有各自的看法。从目前既存的研究来看，极少有逻辑学家对此问题展开分析。当然，法律逻辑领域不乏诉诸逻辑工具就个案分析具体问题，以及从相对抽象和概括的角度宏观探讨法律和逻辑之间的话题的情形。一种普遍的社会经验或者法律部门的逻辑检验，能够彰显形式化分析这种技术性视野的理性精神，同时也为完善特定领域法律体系提供了探索途径和工具。更重要的是，抽象化的逻辑符号系统和涉及平等权的多元化生活之间，可以通过合适的公理系统，为现实中的问题提供一种清晰、明确和稳定的表达方式。本书作者对于非歧视性规范和法律的形式化逻辑分析，就是诉诸这样一种

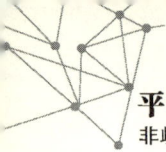

尝试。

作者在 2003 年出版了本书和《自由权利的逻辑》（*The Logic of Liberal Rights*，Routledge，2003），加上 2005 年出版的《宪法权利的逻辑》（*The Logic of Constitutional Rights*，Ashgate，2005），这一系列作品体现出形式分析方法的脉络。就本书来说，其主要回答了非歧视性规范在司法判决当中是否包含某种稳定的成分，探寻非歧视性规范当中的不确定性如何预设稳定要素。关于规范中实质化的清晰或者模棱两可之处是否已经预设了某种程度上的形式确定性，目前尚未达成共识。本书试图通过例证从更加宽泛的视角来说明，法律论辩当中的颇有争议或具有结果开放性的要素通常会受到确定和形式要素的牵制。读者将会发现，非歧视性规范的决定性成分当中，维持着一种内嵌于并连通整个法律体系的稳固和确定的结构，无论这些规范的实质内涵存在怎样的差异和不确定性。本书最值得推崇之处，在于作者通过真实、生动和典型的判例，推出抽象并具有普适性的公理。在整合客观状态与主观价值要素的基础上，提出有效的平等权案件审判的逻辑思路；此外，每一章节当中都通过练习题帮助读者加深理解，从而为进一步的阅读提供有效帮助。练习题的答案附在每章的结尾部分，便于读者对照检查。

中国的法学话语遵循汉语言文化环境的属性，充溢着象形、会意和形声等表述方式。发掘"高语境"文化中言说者的真实意图，需要首先诉诸冷静、审慎和稳定的符号系统。即使是语境化思维也离不开统一的范式、表述乃至语法来建构有效的法律话语体系，从而导出有效的法律结论。情境或者语用思维使法律断言的内容趋向不确定性，就像有学者认为的那样，法律判断可能是"灵光一闪"的产物，甚至法律结论可能是判断者条件反射的结果。但只要主张这些结论正确地来自特定前提，它们就必须要满足逻辑论证的标准。[1]从这个角度来说，本书为开拓我国就法律问题推论思维的形式化或者符号化重构，提供了极具启发和拓展空间的路径。尽管作者并不排斥社会学分析与价值权衡的作用，而且从未试图在任何具体案例当中权衡和考察裁判的思路与具体结论，但本书的思路和阐述，为逻辑学界和法学界在依据形式化分析展开对其他部门与社会法律问题的探讨方面，提供了有效的参考借鉴。在此深深感谢中山大学熊明辉教授给予我这个机会。在翻译过程中，他就我提出的用词表达与学术方面的疑问提出了宝贵的修改与完善意见，使我获益良多。

徐梦醒

2016 年 10 月 28 日于武汉

---

〔1〕 雷磊：“什么是法律逻辑——乌尔里希·克卢格《法律逻辑》介评”，载《政法论坛》2016 年第 1 期。

法律中的平等与论辩
（代中译本前言）

埃里克·海因策（2016）

  法律平等概念的历史由来已久：它既不是18世纪自由与民主理想的产物，也并非在美国《独立宣言》宣称"人人生而平等"时突然产生。这句箴言已经可以跨越早期的基督教时期，而追溯到古代的斯多葛学派。

  两千多年前，亚里士多德（Aristotle）把法律体系的意图界定为从根本上防范权力的随意运用。[1]他认为，法律的核心理念必然预设了一些诸如"一视同仁"这样的原则。[2]总之，不存在无固有平等概念的法律。

---

  [1] See e. g. , *Politics* 3. 16. 1287^{a}19 – 20, 30；4. 4. 1292^{a}4 – 6, *in* Aristotle（[4th century BCE] 1984）. Jonathan Barnes, ed. , *The Complete Works of Aristotle：The Revised Oxford Translations*, vol. 2. , Princeton, New Jersey：Princeton University Press, pp. 2042, 2050.

  [2] See generally e. g. , *Nicomachean Ethics* 5. 4, in Aristotle, note 1 above, pp. 1786 – 87（discussing 'rectificatory' justice）.

当然，古希腊语境下"相同"与"不同"的概念与我们的理解大相径庭。单纯从亚氏的观点来看，这一格言相当于摒除实质性内容的纯粹形式主义表述。就其措辞来看，我们无法获知谁或者什么应当被视为"相同"或者"不同"。亚里士多德告诉我们的只是——但这一洞见被证明强化了法治的根基——关于特定法律权益，如果双方当事人境遇相同，那么法律应当予以平等对待。

本文作为《平等的逻辑》一书的中译本前言，提供了回顾上述基本原则的机会，同时也提供了重新思考这一问题的契机，即形式分析能以及不能给法律平等规范带来怎样的启发。

无争议案件：不要求绝对平等

让我们先来详细考察一下限制条件："关于"（with respect to），其最初适用于作为法律主体的个人。平等概念在法律的可能空间中占据中心地位，只要求关于特定体系认同的相关语境下，两个这样的个体应当受到平等对待。平等概念不会，也无法要求两个人在所有方面都受到等同（identical）对待，原因很简单，那就是不存在在所有方面都一样的两个人：天性（φνσις）排除了这种可能，并且法律（νόμος）对此并无需求与用度。

相对于给定法律目的来讲，两个人之间的相对平等，不会且也不意味着对于所有目的的绝对等同。任何法律体系都不能抱以或者应当期待这种绝对平等，否则很快就会被揭示为无稽之谈。一项关涉平等的法律规范，通常会预设这样的价值判断与政策性判断，那就是何时应当平等对待任何人，何时不应当平等对待。

比如，在满足年龄、视力、路标知识等方面的要求以后，英国的合法居民有资格获取驾驶执照。如果任意两个人符合上述标准，依据关于这些要求的一项平等权规范，法律必须保证他们两个都有获得驾驶执照的平等权益。与他们相关的因素，如"一男一女"，不得作为依法变更结论的前提。目前情况有所不同的是，在沙特阿拉伯还要求只有男性才可以获得驾照。而在英国，如果基于其性别而被剥夺了获取驾照的机会，女性可以主张一项合法有效的歧视性诉求。但是，上述标准当然不需预设绝对平等：法律无需将同样的平等待遇扩展到每一个未能满足年龄、视力、路标知识等要求的人。

与之相似，如果两个 5 岁的孩子满足了除年龄以外的接受公共初等教育的所有条件，那么依据一项关于此种情形的平等权规范，法律必须确保这两个孩子都有机会接受公立初等教育；但是，法律无需像绝对平等理念所期待的那样，将同样的平等待遇扩展到两岁甚至一岁的孩子，因为我们通常认为这个年龄阶段对于确保公立教育的运作来说太过于年轻了。

或者，如果在同等实际货币价值与条件下，一家零售店就特定类型与两个不同客户之间的合同构成违约，那么依据一项关于此种情形的平等权规范，这家店就必须平等地对这两个客户给予补偿。但是，法律无需将同样的平等待遇扩展到与这家店形成其他不同类型的合同关系的人那里。

有争议案件：确定的日常"概念"与不确定的哲学"概念"

当然，法律平等问题所涉及的远不止于上述简单和直接的应用类型，而是经常遭遇到争议性案件。比如，贯穿整个古代历史，乃至当今时代，无数法律制度将统治阶级与被统治阶级明确区分开来；再比如，亚里士多德在若干问题上注意到了斯巴达被强势的侵略所征服，以及偶尔发起反抗的奴隶们。以社会政治性镇压或者源于不同政见的反叛为代价，历史上经常出现法律正式确认并贯彻强

势阶层与弱势阶层的界分。[3]

　　与此同时，声称推行法治的现代社会自由理念的国家，并没有在实践中一如既往地遵循这些规范。臭名昭著的"隔离平等"说[4]认可了美国直到 20 世纪 50 年代的种族隔离制度，提出了令人难以置信和武断的宣言，那就是要将这种普遍的歧视与"法律面前"狭隘的形式平等协调起来——而即使是这种屏弱的平等也极少在现实中存在。此外在法律的关键领域，女性有史以来普遍未能获得与男性平等的待遇。确实有很多女性认为，直截了当地强调女性与男性的"平等化"已经预设了一种男权标准，而这种标准在任何情况下对于女性的权益都无所助益。

　　追随约翰·罗尔斯（John Rawls）的观点，[5]我们区分了（a）平等的日常"概念"与（b）平等的特殊"概念"。就本身而言，前者是任何法律体系所固有的概念（至少从亚氏至今仍然极其似真的观点来看也是如此）；后者引人注目地跨越了不同的历史时期，跨越了不同的文化，而且常常造成不一致，甚至在具体文化背景下也是如此。本书提出了与法律平等规范相伴随的确定性因素和不确定性因素的划分，罗尔斯的这对术语与上述划分密切相关。比如在欧洲中世纪，一位英国公爵通常在有关其私有土地使用权限上与另一位公爵是平等的，但是平民与公爵在这方面却是不平等的。与之

---

　　[3]　See e. g., *Politics* 2. 5. 1264ª25 – 35, 2. 9. 1269ª35 – ᵇ11, *in* Aristotle, note 1 a-bove, pp. 2006, 2014. 正如亚里士多德在这些讨论之前所阐明的那样，对于他先前的导师柏拉图所持有的看法，他是非常熟悉的，尽管对于如何更好地解决这个问题他们仍然存在分歧。

　　[4]　See e. g., Plessy v. Ferguson, 163 US 537（1896）.

　　[5]　罗尔斯区分了正义在一方面抽象与规范性的概念，以及其在另一方面特定而且经常存在不同意见的概念化，比如康德、黑格尔与马克思主义哲学等等。John Rawls, *A Theory of Justice*（2nd ed.）, Oxford：Oxford University Press（1999）, p. 5. 基于本文的目的，我们可以依据同样的区分来解释平等的理念。

相比，如今英国的女性和男性相互之间是平等的，但他们和幼年子女之间则在一般民事责任上是不平等的，如在合同、侵权、信贷和债务等方面。

任一法律制度都会预设基本的平等假定，即使这些假定的适用在不同社会或者历史阶段中有很大区别，因而在平等概念的确定性与不确定性之间精确的正式分界线，同样也会依据情境而不断变动。在通过示例予以阐明时，如果任一特定概念至少形式上具有可辨识性，那么这一概念就仍然是确定的。然而，如果实践中存在多元的概念，这一概念就仍然不确定；作为未来可能性的多元概念，则构成假设的不确定性。

此外，依据亚里士多德的观点，法律体系中核心平等概念的普遍存在，将法律从纯粹的独断性权力行使中区分出来——即使从体系 X（比如现代英国的法律）的立场来看，体系 Y（比如中世纪英国的法律）中的具体概念看起来有很深的独断性。1215 年的《自由大宪章》（Magna Carta）并没有限制而是加强了法治，虽然只是固化了统治阶级平等享有的权利和优待，而大多数人仍然被排除在这些利益之外。该法律体系中通过这种非常实在——如果从我们今天的视角来看，非常有限——的视角来强化法治，此类平等的概念化保留了潜在的平等概念。若干规律性、可预见性和理性化的观念保留了下来，而具有讽刺意味的是，在以长期存续而非克服不公正区别对待的概念化引导下，这甚至是以牺牲实质公正为代价的。

基于上述分析可以发掘出概念内在的论辩属性。假定思想自由并未受到压制，概念的内在理性化作为权力恣意行使的阻碍，转而会推动法律体系当中有批判性思维的主体质疑他所处社会中主流的概念。他们基于理性的激发，从而反思既有的概念化是否可能在事实上表现出内在的不理性，或者对基本的平等概念——"一视同

仁"——的背弃。威廉·莎士比亚所著《错误的喜剧》(*The Comedy of Errors*, ca. 1594) 中，在抗议男性在社会与法律上的支配地位时，阿德里安娜问道："他们何以比我们更加自由？"[6]从她的反问措辞可以看出，阿德里安娜合乎逻辑地预设了平等的核心概念，从而达到抵制她所处社会通行概念化的目的。她的丈夫与其他男性基于所拥有财产的等级而在法律上平等——但相对于财产更少的男性以及他的妻子，他却拥有更为优越的法律地位。[7]

平等概念总是具有向前推进社会批判力的潜质，从而使理性置于独断性之上；而即使对不平等的对抗获得成功，人们仍然受到更进一步激发去追问新理性、新平等概念，是否仍然包含内在的不理性与独断性要素。在准黑格尔哲学的理念之下，平等概念使持续不断的论辩构成必要前提。《自由大宪章》中严谨的表述或许已经在很大程度上限制了贵族阶层的利益，但其核心逻辑已经根植于更为广泛的平等理想当中。时至今日，英语世界仍然将这一法律文件作为导向未来平等概念的基石。

本书利用平等权相关案例来发掘法律规范中恒定的组成部分，亦即确定性与不确定性的平衡点。平等概念适用于广泛的案例与情境，并典型性地包含着源自一般术语的法律规范。它不能过于确定，以至于排除了明确预设平等规则且丰富多元的概念（虽然对于某些概念我们可能并不认同）；它也不能变得如此灵活，如此开放以及如此不确定，以至于把那些不可识别的概念都视为哲学意义上的平等概念。

---

[6] William Shakespeare, *The Comedy of Errors* 2. 1. 10, Charles Whitworth, ed., Oxford, UK: Oxford University Press (2002), p. 103.

[7] See e. g., Eric Heinze, "Were it not against our laws: Oppression and Resistance in Shakespeare's *Comedy of Errors*", 29 *Legal Studies* (2009), pp. 230 – 63.

形式分析范围与有限性

在适用范围等一系列问题中，即使存在适用不一致情形时，法律规范与法律概念也保留固定和明确的含义，诸多法学家长久以来都对此予以关注。这些问题的历史与法律一样久远，然而却在 20 世纪语言哲学领域受到了新的关注，杰出的英国法学家哈特（Hart）在其中发挥了积极的推进作用；而这些方法将法律理论整合进了持续发展到 21 世纪的日常语言哲学学派当中。

本书思路绝不与上述方法针锋相对，而是要从不同角度来探讨同样的问题。形式结构分析自然没有透彻分析语言哲学，但却一直——自亚里士多德以来也是如此——在提供其核心理论之一（参见本书第一部分）。本书提出了两个纯粹形式概念，那就是"客观状态"（第二部分）和"主观价值"（第三部分），以划界与"同案同判"原则一样基本的法律规范之确定性要素与不确定性要素。

一方面，有人主张上述两个概念的含义是绝对固定的；要是没有它们，根本没有法律平等概念，并且在那个意义上不存在有任何意义的法律概念。平等规范意味着，为了确保该规范在任何情况下得以保留，就必须存在可适用"一视同仁"原则的情形，"客观状态"与"主观价值"中必要的组成部分进而与之相伴随。另一方面，这些形式上固定的要素，并未蕴含任一特殊情境下必要的实质性意义。毕竟，规范的不确定性不能是绝对的，虽然这种不确定性避免了意义的缺失，并进而避免了法律体系当中正式功能或有效功能的缺失。那么，平等概念的不确定性并不能是绝对或者彻底的，它只是出现于"客观状态"与"主观价值"在形式上确定的范围之内，例如古典时期奴隶或者妇女的从属地位并未排除在外，而在那时也没有不设定若干平等概念的法律，即使在当下我们并不认同这些法律。

通过整合"客观状态"与"主观价值"交互作用中所有可能的集合，本书得出了四种形式"模型"（第四部分），据此任一特定的平等权断言，都从内在层面单纯凭借蕴含某些平等权规范或者断言而与之一一对应。它们是：①"传统"模型；②"效果"模型；③"适应"模型，以及④"非承认"模型。那么，本书的目的并非是推进平等权规范的社会学诠释，虽然本书绝不会挑战社会学在理解该问题中的角色与重要性；此外，本书也的确不会以任何方式尝试解决关于平等权纯粹的实体性争议，而后者依据各种观点可能会形成鲜明的立场分歧。

再者，虽然本书并不关乎政策，但我自然不意欲轻视与贬低社会语境研究在针对像平等概念一样敏感和富有争议问题的探索中的重要性。相反，我非常欢迎强调政策性研究观点的机会来解决读者们的困惑。这些读者有正当的理由期待一个深入社会争议的领域，从而更为直接地论证社会文化语境的问题，而对此我可能错误地认为是理所当然的。正是因为诸多学者谈到有关平等的政策性问题，我才诉诸了一种不同的方法，而这种方法绝不意图抹杀更合乎研究习惯，并且受到政策驱动研究与探索的重要性。

同样地，原则的价值中立性在这里只是表达了观察的价值中立性，比如认为如果哺乳动物属于动物，那么狗就应当属于动物，就像"霍菲尔德分析法"阐明的那样，其中只是包含了一系列组织化与明确化原则的价值中立性。与某些读者所预期的不同，[8]本书并不打算为有关平等的立法或者裁决纠纷提供价值中立的原则体系，这在概念上是不可能的，在语用学层面上也是不可欲的。同时，我

---

〔8〕 See e. g., Amelia Simpson, "Book Review: Eric Heinze, The Logic of Equality: A Formal Analysis of Non-Discrimination Law", in 33 *Federal Law Review* (2005), pp. 177 –79.

欣慰地发现有读者以纯形式分析的技术，按照道格拉斯·格罗布（Douglas Grob）的表述，同时辨明了"平等保护论证的解构与建构"。[9]就法律内在的根本原则之一所阐明的法律确定性来说，本书的目的恰恰是实现对这种确定性的适用范围与有限性的更深了解。怀着这种心情，我真诚期待并非常高兴能够与中文版的读者们分享这些想法。

埃里克·海因策
法律与人文系教授
伦敦玛丽女王大学

---

[9] Douglas Grob, "Review: Eric Heinze, The Logic of Equality: A Formal Analysis of Non-Discrimination Law", in *Law Courts*, vol. 15 (10) (2005), pp. 911–16, available at http://www.lawcourts.org/LPBR/reviews/heinze1005.htm.

Equality and Dialectic in Law

(An introduction to *The Logic of Equality* for the Chinese translation)

© Eric Heinze （2016）

The concept of legal equality is by no means re-
cent. It is not the product of 18th century liberal or
democratic ideals. It does not suddenly begin when
the US Declaration of Independence declares 'all
men are created equal'. That precept already dated
back, via early Christianity, to ancient stoicism.

Over two thousand years ago, Aristotle had de-
fined a legal system as, by definition, precluding
fundamentally random and capricious exercises of
power. [1] The very idea of law, on his view, neces-
sarily presupposes some principle of 'like treatment of

---

[1] See e. g. , *Politics* 3. 16. 1287^{a}19 – 20, 30; 4. 4. 1292^{a}4 – 6, *in* Aristotle （[4th
century BCE] 1984）. Jonathan Barnes, ed. , *The Complete Works of Aristotle: The Revised Ox-
ford Translations*, vol. 2. , Princeton, New Jersey: Princeton University Press, pp. 2042, 2050.

like' .[2] In a word, there is no such thing as law without an inherent notion of equality.

To be sure, ancient Greek notions of 'alike' and 'unalike' differ vastly from ours. Taken on its own, Aristotle's maxim amounts to a pure formalism, devoid of substantive content. In its literal wording, it tells us nothing about who or what ought to count as 'alike' and 'unalike'. All Aristotle tells us—but this insight turns out to underpin much of law—is that *if* two parties are identically situated *with respect to* a given legal interest, *then* the law must treat them equally.

The present introduction to the Chinese translation of *The Logic of E-quality* provides a welcome opportunity to review that basic principle. It also provides a moment to revisit the question about what light formal a-nalysis can, and cannot, shed upon norms of legal equality.

Uncontroversial cases: no requirement of absolute equality

Let's first take a closer look at that qualification: 'with respect to'. Its primary application concerns persons as subjects of law. Insofar as the concept of equality remains central to the very possibility of law, it requires only that two such persons be treated as *equal* with respect to what a given system recognises as *relevant* situations. The concept of equality does not and could not require that the two persons be treated as *identical* in *all* respects, for the simple reason that no two persons can be identical in allrespects: nature (φύσις) precludes that possibility and law (νόμος) has neither need nor use for it.

---

[2] See generally, e. g. , *Nicomachean Ethics* 5. 4, in Aristotle, note 11 above, pp. 1786 – 87 (discussing 'rectificatory' justice) .

Insofar as relative equality between two persons, for some given legal purpose, does not and cannot imply absolute identity between them for *all* purposes, no legal system can have or should aspire to absolute equality, which indeed quickly reveals itself as a nonsense. A legal norm of equality always presupposes value judgments and policy judgments about when any given persons ought and when they ought not to be treated the same.

For example, individuals legally resident in Britain qualify for obtaining a driving licence by passing requirements for age, eyesight, knowledge of road signs, and so forth. If any two individuals meet all of those criteria, then the law must ensure the equal prerogative of both of them to obtain one, following a norm of equality *with respect to* those requirements. Elements irrelevant to them, such as the fact that one is a man and the other a woman, become legally barred from altering that conclusion. That is not the case, as of this writing, in Saudi Arabia, where the requirements also include being of the male sex. In Britain, the woman can assert a valid discrimination claim if she is denied the licence on grounds of her sex. But the criteria certainly need not presuppose absolute equality: the law need not extend the same equality to an individual who fails to pass the requirements for age, eyesight, knowledge of road signs, etc.

Similarly, if two five-year-old children otherwise fulfil all criteria for entering public primary education, then the law must ensure the equal prerogative of both children to enter, following a norm of equality *with respect to* that situation; but the law need not extend the same equality to two-year-olds, or indeed to one-day-olds, as would be required by absolute equality, since we normally deem those ages too young to warrant public schooling.

Or if a retail shop breaches a particular type of contract, of the same monetary value and under the same conditions, but with two different customers, then it must still compensate both customers equally, following a norm of equality *with respect to* that situation. However, the law need not necessarily extend the same equality of treatment to persons with whom the shop has formed very different types of contracts.

Controversial cases: the determinate 'concept' and indeterminate 'conceptions'

Of course, the problem of legal equality has never extended only to those types of easy and straightforward applications. It always runs up against controversial ones. Throughout ancient history, for example, yet still into the modern age, countless legal regimes have distinguished between ruling and ruled castes. At several points Aristotle observes, for example, Sparta's aggressively subjugated and at times rebellious helot population. Legally formalised and enforced distinctions between powerful and disempowered classes frequently come at the cost of socio-political repression or dissident uprisings. [3]

Meanwhile, states proclaiming modern liberal ideals of the rule of law have not always observed those norms in practice. The infamous 'sep-

---

[3] See, e. g. , *Politics* 2. 5. 1264^{a}25 – 35, 2. 9. 1269^{a}35 – ^{b}11, *in* Aristotle, note 11 above, pp. 2006, 2014. As Aristotle makes clear in the former of those passages, he is familiar with similar ideas of his erstwhile teacher Plato, although they differ on how such divisions are best overcome.

arate but equal' doctrine[4] admitted racial segregation in the United States well into the 1950s. It implausibly purported to reconcile arbitrarily pervasive discrimination with a norm of narrowly formal equality 'before the law' —and even that very slender equality scarcely existed in reality. Throughout history, moreover, women have not generally been treated as equal to men in crucial areas of law. Many women indeed argue that straightforwardly 'equalising' women with men already presupposes a male standard which is by no means conducive to women's interests in all cases.

Following John Rawls[5], we must distinguish, then, between (a) the *concept* of equality inherent in any legal system as such (at least on Aristotle's still highly plausible view), embodying the principle of 'like treatment of like'; and (b) particular *conceptions* of equality, which vary dramatically across historical periods and across cultures and often spawn disagreements even within particular cultural settings. Rawls's twin terms correlate to the distinction drawn in the present book between, respectively, the element of determinacy and the element of indeterminacy attendant upon the norm of legal equality. In the European Middle Ages, for example, an English duke was generally equal to another duke with respect to discretion over the use of his own land. But a commoner was unequal to a duke in that same respect. In Britain today, by con-

---

[4] See, e. g., Plessy v. Ferguson, 163 US 537 (1896).

[5] Rawls distinguishes between, on the one hand, the general, normative concept of justice, and, on the other hand, specific, often divergent conceptions of it, such as Kantian, Hegelian, Marxist, and so forth. John Rawls, *A Theory of Justice* (2nd ed.), Oxford: Oxford University Press (1999), p. 5. For present purposes, we can interpret the notion of equality following that same distinction.

trast, women and men are equal to each other but unequal to infant children with respect to general civil liability, e. g. , in contract, tort, credit, debt, and so forth.

Every legal regime presupposes certain foundational assumptions of equality, even if those assumptions apply very differently from one society or one historical period to the next. Hence a formally precise dividing line between the determinacy and the indeterminacy of the concept of equality. The concept remains determinate insofar as any given conception is at least formally recognisable as instantiating it. However, it remains indeterminate insofar as divergent conceptions exist in practice and hypothetically indeterminate insofar as divergent conceptions exist as future possibilities.

Again, the ubiquity of the core *concept* of equality throughout legal systems serves, on the Aristotelian view, to distinguish law from purely arbitrary exercises of power—even if, from the standpoint of system X (such as the law of modern Britain) the particular conception of system Y (such as the law of medieval England) seems deeply arbitrary. In the year 1215, Magna Carta did not diminish but rather strengthened the rule of law, albeit only by entrenching rights and privileges shared equally among the aristocracy, while most of the population remained excluded from any such benefits. By enhancing the rule of law in that very real—if, from our perspective today, very limited sense—within the system, such a conception of equality preserves the underlying concept of equality. It preserves some notion of regularity, foreseeability, and rationality—even, ironically, at the cost of material fairness to the extent that a given conception serves to perpetuate rather than to overcome some

materially unjust inequality.

That is where the concept's inherently dialectical character emerges. Assuming that freedom of thought is not repressed, the concept's inherent rationality, as a hindrance to purely random exercises of power, in turn prompts critically minded actors within the system to question the dominant *conceptions* within their own society. It spurs them to ask whether those existing conceptions may in fact display their own inherent irrationality, their own infidelity to the fundamental *concept* of equality— 'like treatment of like'. Protesting men's socio-legal dominance in William Shakespeare's *The Comedy of Errors* (ca. 1594), Adriana asks, 'Why should their liberty than ours be more?'[6] In thus phrasing her objection, Adriana logically presupposes a core concept of equality in order to reject her society's prevailing conception. Her husband is legally equal to other men of his property-owning rank—but legally superior to men of lower rank and legally superior to his wife.[7]

The concept of equality always retains, then, the potential for a forward-propelling and socio-critical impetus, forcing rationality upon arbitrariness, but then, even when that struggle succeeds, always further challenging us to ask whether the new rationality, the new conception of equality, still contains irrational and arbitrary elements of its own. In a quasi-Hegelian sense, the concept of equality entails precisely that never-ending dialectic. The strict letter of Magna Carta may well have restrict-

---

[6] William Shakespeare, *The Comedy of Errors* 2. 1. 10, Charles Whitworth, ed., Oxford, UK: Oxford University Press (2002), p. 103.

[7] See, e. g., Eric Heinze, 'Were it not against Our Laws: Oppression and Resistance in Shakespeare's *Comedy of Errors*', 29 *Legal Studies* (2009), pp. 230 – 63.

ed its benefits to the aristocracy, but its core logicalready contained the seeds of a more universal ideal of equality. To the present day, the English-speaking world continues to cite that document as a stepping stone towards later conceptions of equality.

The present book draws upon the example of equality to capture a constant component of legal norms, namely, the balance between determinacy and indeterminacy. The concept of equality quintessentially embodies a legal norm phrased in general terms and applying over broad ranges of cases and situations. It cannot be so determinate as to preclude the full variety of conceptions (however much we may dislike some of them) which clearly presuppose the equality norm; but nor can it become so flexible, so open-ended, and thereby so indeterminate as to render those conceptions unidentifiable *as* conceptions of equality.

Extent and limits of formal analysis

Questions about the extent to which legal norms and concepts retain fixed and certain meanings, even when subject to conflicting applications, have long captured jurists' attention. They are in a sense as old as law itself, yet received renewed attention within circles of mid – 20th century philosophy of language, in which the pre-eminent British theorist HLA Hart played an active role. Those approaches integrated legal theory into schools of 'ordinary language' philosophy that continue into the 21st century.

The present book by no means dissents from those approaches, but rather explores the same problems from a different angle. The analysis of formal structure, while certainly not exhausting the philosophy of language, has always—and that too since Aristotle! —supplied one of its

central pillars（see Part I of the present book）. In order to draw a line between determinate and indeterminate elements of a legal norm which is as foundational as the principle of 'like treatment of like', this book proposes two purelyformal concepts, namely, of 'objective status'（Part II）and 'subjective merit'（Part III）.

It is argued, on the one hand, that those two elements are absolutely fixed. Without them, no concept of legal equality, and in that sense no concept of law, can have any meaning at all. The norm of e-quality means that, for that norm to exist at all, there must be some situations to which 'like treatment of like' applies, along therefore with its necessary components of 'objective status' and 'subjective merit'. On the other hand, those formally fixed elements entail no necessary substantive meaning within any particular situation. After all, a norm's indeterminacy cannot be absolute without it losing all meaning and thereby losing any formal or effective function within law. The indeterminacy of the concept of equality cannot, then, be total. It emerges only within the formally determinate confines of 'objective status' and 'subjective merit'. Those confines by no means preclude, for example, slavery or women's subordination in classical antiquity, where, again there can be no law at all without some concept of equality, even if it is not one we would wish to accept today.

Through the set of all possible interactions of 'objective status' and 'subjective merit', four formal 'models'（Part IV）are generated, to which any particular equality claim inherently corresponds by sheer virtue of entailing some norm or claim of equality. They are（1）the 'traditional' model,（2）the 'impact' model,（3）the 'accommodation' model, and (4) the 'non-recognition' model. This book's aim is not, then, to contribute to sociological understandings of the equality norm, although of course it by no means challenges the role or importance of those understandings. Nor indeed does this book in any way aim to solve genuine controversies about equality which may indeed be controversial from many points of view.

While this is not, then, a book on policy, I certainly do not mean to diminish the vital importance of socially contextual research on a topic as sensitive and disputed as the concept of equality. To the contrary, I welcome the present opportunity to emphasise that point, which I might wrongly have taken for granted, to the bafflement of readers who rightly had expected an area so steeped in social controversy to speak more directly to questions of social and cultural context. It is precisely because so many have written about policies relevant to equality that I have sought a different approach, but an approach in no way intended to diminish the importance of more customary, policy-driven enquiries.

Similarly, the value-neutrality of the principles set forth herein represent merely the value-neutrality of observing, for example, that a dog must be an animal if a mammal is an animal. Like Hohfeldian analysis, it contains solely the value-neutrality of a set of organising and clarifying principles. Contrary to what some readers may have thought[8], this book by no means proposes value-neutral principles for legislating or adjudicating disputes about equality—which would be conceptually impossi-

---

[8] See, e. g. , Amelia Simpson, 'Book Review: Eric Heinze, *The Logic of Equality: A Formal Analysis of Non-Discrimination Law*' , in 33 *Federal Law Review* (2005) , pp. 177 –79.

ble and pragmatically undesirable. At the same time, I note with satisfaction that other readers have discerned in the technique of purely formal analysis a pathway leading, in Douglas Grob's words, 'both to the crafting and deconstruction of equal protection arguments'.[9] This book's aims at nothing more, but also nothing less than a deeper understanding of the extent and limits of legal determinacy as illustrated by one of law's necessarily inherent and foundational principles. In that spirit, I warmly welcome the opportunity to share these ideas with readers of the Chinese edition.

Eric Heinze

Professor of Law & Humanities

Queen Mary, University of London

---

[9] Douglas Grob, 'Review: Eric Heinze, *The Logic of Equality: A Formal Analysis of Non-Discrimination Law*', in *Law Courts*, vol. 15 (10) (2005), pp. 911 – 16, available at http://www.lawcourts.org/LPBR/reviews/heinze1005.htm.

缩略词

AJDA	Actualité juridique, droit administrative
All ER	All England Reports
BverfGE	Entscheidungen des BundesverfassungsgerichF
CE	Conseil d'Etat (France)
Dalloz	Recueil Dalloz
ECHR	European Convention on Human Rights
Eur. Ct. H. R. (ser. A)	Publications of the European Court of Human Rights, Seriess A
GG	Grundgesetz (Germany)
GW	Groundwet (Netherland)
HR	Hoge Raad (Netherland)
ICCPR	International Covenant on Civil and Political Rights
NJ	Netherlandse Jurisprudentie
UDHR	Universal Declaration of Human Rights
UN Doc	United Nations Document
UNGA	United Nations General Assembly
UNTS	United Nations Treaty Series
US	United States Reports

目　录

第一部分　对　待

第四部分　一般论证形式

导　论

　　"人权是属于我们这个时代的，并且是唯一得到普遍认同的政 1
治道德理念。"〔1〕亨金（Louis Henkin）这一尚存疑问的宣告确有其
中肯之处：传统民事权利和自由在许多国家宪法和国际条约中，都
具备神圣不可侵犯的地位——有时其并无实效，有时却获得充分的
认同。当然，两种完全相同的权利文本是不存在的。起草于 1791
年的《美国人权法案》（The United States Bill of Rights）仅有 10 项惜
字如金的条款，〔2〕其中只有 6 条被多次成功援引。〔3〕与此不同的是，
两个世纪以后的《公民权利和政治权利国际公约》（ICCPR）〔4〕则
包含了 27 项实体性条款，若干条款的起草分星擘两，极为详尽。〔5〕

　　尽管存在上述差别，在几乎所有文本中却都可以发现一种共同
的权利内核，其中包含了保护免受残酷或侮辱性对待的权利、接受
公正审判的权利、言论和信仰自由的权利，或者获得法律平等保护

---

　　〔1〕　Henkin 1990：ix.

　　〔2〕　美国宪法第一到第十修正案（U. S. Const. amends. I – X）。美国宪法权利的数
量基于其他宪法性条款而增加，例如人身保护令的保护（美国宪法第 1 条第 9 款第 2
项），或者禁止法律溯及既往的规定（美国宪法第 1 条第 9 款第 3 项）。另参见美国宪法
第十三、十四、十五、十九、二十四、二十六修正案（U. S. Const. amends. XIII，XIV，
XV，XIX，XXIV，XXVI）。关于进一步基于司法程序的权利认同参见 e. g.，Nowak and
Rotunda，2000：ch. 11.

　　〔3〕　See e. g.，Nowak and Rotunda，2000：ch. 10.

　　〔4〕　999 U. N. T. S. 171（1976 年 3 月 23 日生效）.

　　〔5〕　But see Human Rights Committee，General Comment 23，U. N. Doc. HRI \ GEN \ 1 \
Rev. 1 at 38（1994）（noting procedural limitations on the justiciability of art. 1）.

的权利。然而，这种权利内核在何等程度上是共通的？诸多文书包含"侮辱性对待"、"公正审判"或者"平等保护"这样的语词。[6]而这些表述却可能在不同管辖领域中存在大相径庭的解释，假定某国家的一项规范在法律上被采纳却未被执行，我们能否从字面上断定该规范是无意义的？这种理解有些怪异。通常某政府的法律禁止酷刑，却仍然存在严刑拷打现象。我们可以指出其关于禁止酷刑的法律无效，却不能据此证明该法律没有意义。我们是否可以用这种说法来代替，即此项规范虽有意义，但人们却选择弃之不理？那么这一意义到底是什么？权利本身是否在其所处的法律系统中保有任何必要和固定的意义？

2   本书考量的例子将是非歧视性规范。对比以下表述：

（a）依据《欧洲人权公约》第14条，"任何人在享有本公约所规定的权利和自由时，不得因性别、种族、肤色、语言、宗教、政治的或其他的见解，民族或者社会出身、与少数民族的联系、血统或者其他地位而受到歧视。"[7]

（b）依据《联邦德国基本法》第3条，"（1）法律面前人人平等。（2）男女平等。……（3）任何人不得因性别、门第、种族、语言、籍贯和来源、信仰、宗教或政治见解受到歧视或优待。……"[8]

---

［6］ See e. g., Robertson and Merrills, 1996：2–7.

［7］《欧洲保障人权与基本自由公约》第14条，213U. N. T. S. 222（1953年9月3日实施），后来为第三、第五、第八和第十一项议定书修订（分别于1970年9月21日、1971年12月20日、1990年1月1日和1998年11月1日实施）。

［8］ GG art. 3.（"（1）Alle Menschen sind vor dem Gesetz gleich. （2）Männer und Frauen sind gleichberechtigt. […] （3）Niemand darf wegen seines Geschlechtes, seiner Abstammung, seiner Rasse, seiner Sprache, seiner Heimat und Herkunft, seines Glaubens, seiner religiösen oder politischen Anschauungen benachteiligt oder bevorzugt werden. […]"）

（c）依据《美国宪法第十四修正案》，"各州不得……在其管辖权限内剥夺任何人获得法律平等保护的权利。"[9]

这几项规定是否只是表述同一事物的三种方式？[10]各个法律文本中的相似术语是否隐含意义的相似性？不同术语隐含迥异的理解吗？在多语言词典的帮助下，我们该如何决断？通过比较性经验研究吗？但是，"可比较性"对于案件本身来说意味着什么？在洛杉矶对西班牙人的歧视与在汉堡对土耳其人的歧视可比较吗？

通过检验上述法案公布的由最终权威机构负责的解释，可以分别对（a）、（b）和（c）进行比较：

（a′）根据欧洲人权法院的说法，倘若一种区别对待未得到"客观和理性的证成"，就属于歧视。[11]

---

〔9〕 U. S. Const. amend. XIV，§1.

〔10〕 因为涉及语言的考量，这里应注意到《欧洲人权公约》的结尾部分指出英语和法语文本具有同等的权威性。第 14 条的法语版本表述如下：

La jouissance des droits et libertés reconnus dans la présente Convention doit être assurée，sans distinction aucune，fondée notamment sur le sexe，la race，la couleur，la langue，la religion，les opinions politiques ou toutes autres opinions，l'origine nationale on sociale，l'appartenance à une minorité nationale，la fortune，la naissance ou toute autre situation.

在这里可以探讨的是，尽管其中的差别并没有造成斯特拉斯堡基于诠释的严重问题，像"doit être assurée"或者是"toute autre situation"的表述风格，但其的确提供了相较其英语对应文本更强的语用效果。就短语"doit être assurée"可以参考涉及"比利时教育中就法律领域语言使用若干方面"的例子，6 Eur. Ct. H. R. 305（ser. A）（1968）〔hereinafter *Belgian Linguistic* case〕，以及 Harris et al. 1995：463. 关于短语"toute autre situation"可参考 van Dijk & van Hoof 1998：719. 需要注意在后文将按照《理事会指令》（Council Directive）76/207/EEC，1976 O. J.（L 39/40）考察一些欧盟法院依据《欧洲联盟法》（European Union Law）审判的性别歧视案例。该指令第 2 条第 1 款规定："在性别方面，不得有任何直接或间接的歧视。"

〔11〕 *Belgian Linguistic case*，6 Eur. Ct. H. R.（ser. A）at 34.

（b′）根据德国联邦宪法法院（Bundesverfassungsgericht）的说法，歧视的认定取决于"受（非歧视性）规范约束的一群人被受到同样约束的主体进行区别对待，尽管两者在不公平对待可得到正当化的类型或者程度上并无不同"[12]。

（c′）根据美国最高法院的说法，"第十四修正案的平等保护条款……从本质上要求类似情境下的所有人应当受到同等对待。"[13]

换句话说，我们可以尝试通过比较（a′）、（b′）和（c′）的诠释性表述来比较（a）、（b）和（c）。可这会带来一些问题：这些表述如何应用于实践？这些法院是否做出过其他相关声明？还有别的比如法令或条约形式的相关规定吗？

姑且先把这些更大的问题放在一边。为了方便起见，我们假定（a′）、（b′）和（c′）具有显明权威性。剩下的问题是，为了比较这三者就必须比较其中决定性术语的意义，比如"相同的"、"客观"、"理性的"和"证成"。法律理论中长久以来的教诲认为，即使是在单一法律体系内，这些术语尚无法拘束于确定的意义，更不必说跨系统的法律术语了。[14]我们可以在世界范围内找到包含非歧视性规范的法律文本，而问题在于能否发现任何在意义上能够被共享、确定且并非老生常谈的、关于该规范内容的表述。（其他规范同样涉及该问题。[15]非歧视性规范在本书中将仅作为重要的范例，

4

---

[12] 95 BverfGE 143，154－55（1996）（"eine Gruppe von Normadressaten im Vergleich zu anderen Normadressaten anders behandelt［wird］，obwohl zwischen beiden Gruppen keine Unterschiede von solcher Art und solchem Gewicht bestehen，daß sie die ungleiche Behandlung rechtfertigen könnten"）（内部引用省略）.

[13] City of Cleburne v. Cleburne Living Center, Inc.，473 U. S. 432，439（1985）.

[14] See e. g.，Fletcher，1996：ch. 3；Cotterrell，1989：chs. 6－7；Kelman，1987.

[15] See Heinze，2003a.

尽管诸多学者相信"平等"概念的意义——相同案件应受相同对待——为规则体系或者法治的理念所预设。[16]）

虽然作为比较法问题而引入，但这种规范主要涉及的还是法律概念的确定性。[因为建构了适用于任何体制的形式模型，即使有制度和法学理念上的差异，本书仍可视为比较法领域的研究。由于尽可能摒弃多数比较法研究的经验主义，本书也可称为非经验性的比较主义（non-empirical comparativism）。]"相同情境下应一视同仁"（Like treatment of like）被视为古老的格言，但谁又能准确阐述"相同"的意义？如果我对一位男士和一位女士区别对待，意味着同等情境下的差别对待吗？还是差别情境下的差别对待（unalikes unalike）？某些时刻，同等情境下的差别对待，或者差别情境下的同等对待（treat likes unalike or unalikes alike），可否被视为正确的呢？

法律规范确定性的问题通常可诉诸开放结构理论，在哈特看来：

> 无论是选择判决、先例还是立法来传达关于行为准则的理解，尽管它们在处理大量日常个案时能得到有效和顺利的适用，在遇到存在疑问的适用方面仍然不得不面对不确定性问题，其中涉及所谓的**开放性结构**（open texture）。[17]

开放结构理论经过多个法学流派学者的完善和推进：从法律现实主义和自由法学派（*Freirechtsschule*），经过分析实证主义、自由

---

〔16〕 "法治预设了相似案件受到相似处理的理念。按照违背该预设的规则行为是被禁止的。" Rawls, 1999：208. Cf.，e. g.，Aristotle, 1941a：1006 - 07；Kelsen, 1960：390 - 97. 平等概念的意义虽然广泛，但本书将建立在相对宽泛的结构基础上，聚焦于公民权利和自由范围内适用的非歧视性规则。cf. Section 14. 5 *infra*.

〔17〕 Hart, 1961：124（黑体强调为原文所加）。

主义、批判法学、解构主义和后现代主义法学。开放结构对以上多数理论来说，仍然处于并非明晰的"灰色"地带——甚至得到广泛正确性认同的、德沃金关于"法律问题唯一正确答案"的理论，[18] 也并非显而易见或毫无争议。本书不会尝试排除开放结构的作用（这不可能做到），也不打算评价相关理论的精髓，而是去规划不确定性的"科学"：一种针对法律规范开放结构中潜藏的确定性要素，并尝试对其进行准确描述的形式分析方法。本书不会假设读者具备前在逻辑训练基础，因为本书将把必备概念的阐释作为必要的分析过程。

5 　　我们将看到非歧视性规范中既有的不确定性怎样预设稳固和确定的要素。我们将看到已经预设了一定程度的形式确定性，涉及非歧视性规范内在的实质清晰性或含混性的争议。法律话语中争议性或开放性的要素，通常为确定的形式化要素所制约。这将是本书将着力阐明的一个更加广义的观点。我们将看到，无论非歧视性规范的实质内容存在怎样的差异和不确定性，规范的决定性构成要件在法律体系内部以及不同法律体系之间，都维系了一种稳固和确定的结构。

方法和概述

　　对法律逻辑分析的质疑从未销声匿迹。诸多学者怀疑，严格形式化的模型能否阐明法律推理中细微精妙且更具争议性的元素。霍姆斯（Holmes）坚信："每一页历史都相当于大量的逻辑。"[19] 然而近些年来，逻辑分析取得可观进步，其中涌现了三种鲜明而卓著的方法：第一种也是最早的方法依赖传统逻辑，认为法律论证的分

---

〔18〕 Cf. Dworkin, 1977；110 – 23；1986：238 – 50.

〔19〕 New York Trust Co. v. Eisner, 256 U. S. 345, 349 (1921)（Holmes, J. ）.

析通过常见于经典逻辑的演绎推理三段论结构而展开。虽然曾因
"过于机械"受到诟病时，该方法用途之多样化与广泛性已经引起
关注；[20]第二种方法涉及道义逻辑，阐明了义务、许可和禁止这些
概念之间的关系；[21]第三种，也是在英美国家相关领域影响最大的
方法，称为"霍菲尔德分析法"（Hohfeldian analysis）。[22]霍菲尔德
发现"权利"这一词语由于使用过于多样化而在法律推理中产生了
错误。他尝试探明诸如"诉求"、"优先权"、"权力"或者"豁免
权"这些概念之间的区别。后续的学者完善了霍菲尔德的理论体
系，并使之成为分析法学的核心。[23]这三种方法未曾相互排斥。一
些学者将道义逻辑和霍菲尔德方法关联起来；[24]传统方法的影响力
也盘桓于道义逻辑和霍菲尔德分析的背景当中。[25]

　　近期我提出了第四种方法，其主要内容随后会呈现于本书。在
《自由权利的逻辑》（*The Logic of Liberal Rights*）中，我提出了旨在
确定六种"背景理论"的形式化分析，这些理论构成涉及民事权利
和自由争议的法律论证的基础。[26]虽然《自由权利的逻辑》对民事
权利和自由进行了阐述，但本书则只是在"平等"概念引出的各种
结构性问题中，对非歧视性规范进行考察，因而这里没有预设两部
作品的相通性。

　　本书并非法律和逻辑的一般介绍，其唯一目的是回答开始提到
的问题：非歧视性规范是否具备某些在司法权限范围内和不同权限

6

〔20〕　See e. g., Meier, 2000；Rodes and Pospesel, 1997；Soeteman, 1989.

〔21〕　See Kalinowski, 1972；von Wright, 1963；1951.

〔22〕　Hohfeld, 1946.

〔23〕　典型研究的简要文献目录，参见 Simmonds, 2001：xxviii-xxix.

〔24〕　See e. g, Sumner, 1987：ch. 2.

〔25〕　Cf. Saunders, 1990（提出霍菲尔德方法彻底形式化的一种分析模式）.

〔26〕　See also Heinze, 2004；2003b.

之间维持恒定的稳固成分。本书将在回答该问题的意图范围内，分析通常的逻辑观点。一些分析方法可能无法在标准的逻辑教科书中找到，这是基于探索非歧视性法律特有属性的意图，而不是因为该分析和逻辑学基本预设相抵触。

本书的案例来源于美国、德国、欧盟和《欧洲人权公约》，并且没有预设与相关法律体系，以及任何后续案例的密切联系。美国的一系列案例将引起特别兴趣，因为美国非歧视性法学（US non-discrimination jurisprudence）因循最高法院公布的复杂司法准则，[27] 而与当前其他国际、地区和国家政权涉及的相关方法存在显著的差异。[28] 与其他国家法院不同的是，美国几乎从未考察过其他法律体系中配置的方法，因而强化了美国满足于其政法体制的印象，并且更有力地激起了这样一个问题，那就是声称可适用于所有政治和社会体制的模式，能否在这样特立独行的国家中获得认同并被采纳。[29]

以下是本书的内容概述。第一部分、第二部分和第三部分将介绍形式模型的构成性要素，第四部分则把这些要素统合起来建构歧视性法律中系统的论证类型。

第一部分起始于"**对待**"（treatment）概念的阐释。在第 1 章对初始问题进行大致考察以后，第 2 章将区分关于"对待"的**事实**

---

[27] See Section 14. 4 *infra*. Cf. Heinze，2003b.

[28] 欧洲人权法院公布的鉴别原则的限度，也由于相似的复杂性而存在争议。然而，在处理非歧视性案件过程中，该法院适用的主要是上文提到的（a'）即"客观和理性证成"准则（objective and reasonable justification standard），而不是上述原则。

[29] 尽管如此，美国非歧视性法学的标准语词表述，并非完全和其他国家与地区的相关法学相排斥，当然这种"和解"只可能存在于抽象和一般术语当中，当然也无法确保相似纠纷诉诸相似的解决方案，尤其是在充满争议的案件当中。参见 e. g.，Heringa，1999：25.

断言和规范断言 （factual and normative assertions），以及关于**平等**和**不平等**对待 （equal and unequal treatment） 的断言。第 3 章将介绍一种方法，对待断言将据此方法作为引出更加抽象断言的基础。第 4 章对涉及 "对待" 的规范断言展开更加彻底和缜密的探讨。第 5 章介绍了一种渠道，符号的形式价值可据此通过其他符号得到更有效的界定。第 6 章大致阐述了建构形式化 "对待" 断言的方式。第 7 章将事实断言和断言论证结合起来，进而建构形式化的 "对待" **复合断言** （compound assertions）。

在第二部分，我们将考察就歧视问题产生争议的相关命题。这些争议关系到将一些个体纳入更大范围的、共享某种**客观状态** （objective status） 的主体范围，如涉及人种、种族、宗教信仰、语言或者性别等。就客观状态和对待的论证将合并起来探讨。第 8 章完善了先前关于 "对待" 的事实断言，以便于使客观状态的断言纳入其中。第 9 章为了使客观状态断言纳入，而完善了先前的规范断言。第 10 章将改进后的事实断言和规范断言再一次结合起来，进而建构包含客观状态断言的复合断言。

在第三部分，有观点指出歧视性争议除了包含客观状态的论证，还包含**主观价值** （subjective merit），即涉及个体就需求、兴趣或者能力判定的论证。在第 11 章和第 12 章，第二部分中因纳入客观状态要素而得以完善的事实论证和规范论证，因为纳入主观价值要素而进一步完善。第 13 章中，我们得到就歧视性陈述而形成的一般性论证类型的最终形式。

在第四部分，上述一般论证形式得以精细阐述与整合，从而形成四种歧视性争议的基本类型。第 14 章考察**传统**模型 （traditional model），其中涵盖了诸多更常见的案件。第 15 章考察**效果**模型 （impact model），该模式源于并非刻意的歧视或者**事实歧视** （de

7

facto discrimination）*。第 16 章介绍**调试性**争议（accommodation
dispute），此类争议源于未能采取措施满足个体特定需要或者要求
的申诉。第 17 章以**非承认**（non-recognition model）作为结束。对
于起方是否就涉及客观状态的主张提供了可识别依据，辩方的否认
与该模式的意义相一致。

本书的观点曾在 1998 年乌特勒支大学（University of Utrecht）
举办的非歧视性比较法国际大会（International Conference on Com-
parative Non-Discrimination Law）上提出。我很感激会议组织者蒂蒂
亚·洛恩（Titia Loenen）和彼得·罗德里格斯（Peter Rodriquez）
的合作，还要感谢瑞琪·霍尔特马特（Rikki Holtmaat）效果卓著的
会议主持。沃姆格尔（Tom Wormgoor）给我提供了有价值的建议。
另外，我还要感谢汤姆·坎佩尔（Tom Campbell）、约翰·埃尔文
（John Irwin）以及 Ashgate 出版公司的工作人员。除非另有说明，
对国外材料的翻译均由我个人所做，而非官方正式版本。

埃里克·海因策
伦敦玛丽女王大学

---

* 这种事实歧视不考虑歧视行为是否具有合法依据，而仅仅强调实际上存在的歧视
行为，可参照"事实婚姻"来理解。——译者注

第一部分　对　待

第 *1* 章 基本概念

本章将采用一些表达争议双方的基本符号，以提供表达论证的 基本工具。

1.1 诉讼案件

本书对歧视的考察只是建立在诉讼案件语境[1]——也就是法庭[2]场域下一方向另一方提起法律诉讼的情形。这可能意味着对非对抗性程序的忽略，例如谈判或替代性纠纷解决机制等，然而，争议性框架的事实，并不意味着排除当下乃至后续诉讼中友好协商解决的可能空间。本研究中推进的论证背景结构，也就仍然保有其

---

　　[1]　本书将聚焦于实质性权利纠纷包含的论证，考察的资料也主要是对争议涉及法律依据的判断，而非关于程序性议题或者司法裁判权（jurisdiction）本身。本书的论证均取材于公布的生效判决，即使存在与当事人原始口头或书面仲裁协议不同，或者这些协议随着诉讼进程发生变更的情形。适用该模式的范例可从更广泛的资源中提取出来，其中包括书面或口头的诉讼文书（pleading），抑或下级法院或机构的裁决等，然而这里并不涉及该模式的结构问题。

　　[2]　上述分析同样适用于准司法机构（quasi-judicial bodies），例如联合国人权委员会（Human Rights Committee of the United Nations）。该委员会依据《公民权利和政治权利国际公约》（ICCPR）第28条而设立，并基于1976年3月23日生效的《公民权利和政治权利国际公约第一任择议定书》（First Optional Protocol to the International Covenant on Civil and Political Rights，999 UNTS 302）被授权接受来自个人的申诉。

完善性。

　　大陆法系传统的读者可能会质疑，针对诉讼案件的分析是否预设了基于普通法的偏见，并且过于强化了司法的功能。其实，诉讼案件在这里将只作为权利衡平的例子，而不考虑司法裁定在任何给定司法权限内的法律地位。司法先例问题也不会被赋予特别的意义和作用。到本书最后读者就会明确，在其他场域例如立法或者行政机构，或者大陆法系的法院就非歧视性规范结构的论辩形成的普遍论证形式，以及在公众讨论中形成的论争类型，同样没有奉行**遵循先例**（stare decisis）的形式化原则。

1.2　争议双方

　　本书关注诉讼案件当事人参与和预期的论证。命题陈述做出的方式和语境，以及陈述意义问题，都给逻辑分析和语义分析带来困难。我们将采取简化的从而不会带来难题的步骤，前提是这些步骤只在模块范围内适用，并且不去尝试表述涉及语言、逻辑、法律或者法律话语的更加宽泛的事实。

　　举例来说，不同社会体制的法律为诉讼各阶段的争议各方赋予了不同的称呼：plaintiff 与 defendant，*requérant* 与 *défendeur*，*Kläger* 与 *Beklagte*。即使在一种法律体系内部，基于诉讼类型和阶段也会产生不同称谓：原告、被告、上诉人（appellant）、被上诉人（respondent）、申诉人（petitioner），等等。考虑到很多实践目的或分析目的，维持这些差别或许具备充足的理由。然而基于分析模型中的有限意图，我们将忽略这些差异性要素。在不考虑控诉导入的司法管辖权限以及诉讼阶段进程的情况下，就歧视性问题提出控诉的当事人都将被称作**起方**（claimants）。被控诉一方将被称作**应方**

（respondents）。我们将采纳下述两项公理，它们的表述看似平淡无奇，但在之后的论述中具有重要作用：

起方公理（Claimant Axiom）：起方均寻求已违反非歧视性规范的判定。

应方公理（Respondent Axiom）：应方均寻求未违反非歧视性规范的判定。

起方将通过大写的罗马字母 A 来表示，应方则通过字母 Z 来表示。在未规定某当事人是起方或者应方的情况下，小写希腊字母 theta（θ）将被用来对应和参照某方（party）。因此，字母 θ 代表的是起方还是应方，取决于给定司法的程序规则，它可以是一个人、几个人、一个公司或政府机关。

A、Z 和 θ 之间的关系说明一些符号能够依据其他符号来界定。佐以符号"⊂"，**公设性原则**（Ps）将用来承担这项功能。为了阐明 A 或者 Z 是 θ 的可能值，我们将采用下述的"公设 θ"：

$$Ps\ (θ) \qquad θ⊂A, Z$$

随着分析的推进，还会引入其他符号和预设，并编入本书附录以供参考。

1.3　断言和立场

13

当事人在争议中会作何主张？律师和他们采用的策略都可能不断调整，个别律师可能又不善辞令。特定司法情境，尤其是诉讼持续较长时间的情况下，法律意见或许同时采取口头和书面两种形式，进而引发这些表述内部和不同表述之间的矛盾或者其他不一致。法庭可能采信并未为任何一方当事人所引证的意见，包括当事

人实际上并未表述但对其有利的观点。还要注意，在逐步形成特定模式时，我们关注的是一般性与通用性：其中不仅包括实际案例中的真实发生的论证，还有在实际案例与可能案例中想象得到的假设性论证。

本书着重于上诉阶段的案件，当事人在其中提出的整体性法律意见已经大致得以确认。然而形式模式期待参与到最广泛和多样化的论证当中。最后得以适用的起方与应方公理，在这里也会有很大助益。本书将认同这一点，那就是当事人并不能确保所呈交的法律意见表述的清晰性或逻辑一致性。然而这里会引入一条外在界线：我们将规定（虽然实践中存在偶然失误）：（1）起方不会做出断言或者预设未违反非歧视性规范的论证；并且（2）应方不会做出断言或者预设已违反非歧视性规范的论证。

据此，**断言**（assertion）这一术语将被用来（1′）表示归因于或者可归因于起方，且由起方提出的，支持一项已违反非歧视性规范的陈述；或者（2′）表示归因于或者可归因于应方，且由应方提出的，支持一项未违反非歧视性规范的陈述。[3]此类断言的例子包括像"本案中存在不平等对待情形"或者"本案涉及的待遇应当是平等的"。本研究将致力于考察这类断言的结构及其内在关联。**立场**（position）这一术语将被界定为一组由某一方当事人提出的一项或多项断言。起方的立场被称为立场 A，例如说明 A 做出断言 p，可表示为：

$$A: p$$

应方的立场被称为立场 Z。我们可以说 Z 提出一些断言 q：

---

〔3〕 针对当事人表述归因的考察，包含模糊语境或者命题态度的问题，参见 Heinze, 2003A: secs. 3.1 – 3.3.

$$Z: q$$

据此，立场 θ 代表 A 立场或者 Z 立场，说明一些当事人宣称 x，可表示为：

$$θ: x$$

1.4　分层与替代

符号 A、Z 和 θ 之间的关系可以通过一个简单的树形图来阐明：

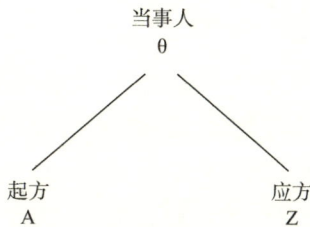

该图表示了这些符号关系的层次性。当低层级的符号只代表高层级符号的若干可能逻辑值之一时，就可以说该符号在**层级上低于**（hierarchically inferior）另一在**层级上较高**（hierarchically superior）的符号。比如，起方（A）仅代表当事人（θ）中的一种，因而在层级上低于符号 θ。当然，这些关于层级较高和较低的概念并不包含规范性内容。它们仅指涉范围更加广泛或狭窄的符号等级，而非较为强大或重要的参与者。

一个层级较高的符号通常可以替换任何层级较低的符号。例如，立场 A: p 可被转译为：

　　"起方断言 p"

该立场隐含了立场 θ: p，即：

"某个当事人断言 p"

我们一般更倾向于使用公式 A：p，作为层级较低的立场其意义更为精确。尽管如此，随着分析的推进，用具备更高抽象度的公式有时会更有助益。

1.5 翻译

在符号化表达和自然语言表达之间有可靠转译方式非常重要。假定某项争议中特定个体克罗夫特（Croft）成为歧视对象，他可能主张 A：p，此处 p 意味着陈述："我受到了不公平对待"。如果该控诉由代表克罗夫特利益的一方做出，更精准的转译会将克罗夫特置于第三人称，即"她受到了不公平对待"。同样地，克罗夫特可能只是某庞大群体，甚至集团诉讼中的一员，论证 A：p 的最佳转译可能就是："我们受到了不公平对待"。为了呈现精确的转译，本研究中的案件事实一般具备足够的清晰性。

基于将言说翻译为符号语言的目的，我们还会忽略普通语言中包含的更多要素。例如，动词时态的差异可能产生不同的转译："克罗夫特断言 p"；"克罗夫特曾经断言 p"；"克罗夫特已经断言 p"。或者考虑动词和副词组合用法："克罗夫特曾热切地断言 p"；"克罗夫特曾机智地断言 p"。上述差异也不会形成对模式的影响。下面的练习中，需要根据题意尝试忽略话语风格或惯用语要素，并将其准确翻译为"起方断言 p"的符号形式。[4]

---

〔4〕 为全面考察动词时态以及情态动词的作用，立场 θ 中条件性与反事实的表述，参见 Heinze，2003A：sec. 3. 4.

将下列表述翻译为符号形式。（练习题答案附于每章最后）

示例：起方断言 x

答案：A：x

1. 应方代表拉腊的利益，断言 x。

2. 起方一再坚持 y。

3. 然而应方曾一直承认 y。

4. 某人将毫无疑问地提议 p。

1.6　逻辑算子

　　孤立的陈述很难说是有意义的。逻辑**算子**[5]可作为以清晰形式规定表述之间关系的有效工具。本书将使用三种逻辑算子：**否定**，表达为"非"；**合取**，表达为"并且"以及**条件句**，表达为"如果……那么……"。[6]经典逻辑的一项首要功能就是验证论证有效性，因此应当详尽关注算子的精确意义（例如，这些意义可通过真值表予以确定）。然而，我们的意图将与此不同，检验论证有效性的相关问题将不作为重点。我们可以依赖"非"、"并且"与

16

────────────

　　[5]　也可称其为"命题运算符"（propositional operator）或者"命题连接词"（propositional connectives）。参见 e. g., Detlefsen et al., 1999：85.

　　[6]　熟悉形式逻辑的读者可能因为这里没有使用析取（disjunction）逻辑算子而感到奇怪。当然，如果这里阐明的模式需要纳入基于有效性检测的演算过程，析取词的作用就必须予以考虑。尽管析取算子可以在本书模式分析的推进中予以介绍，但这会带来一些复杂问题，并无法为非歧视性规则的分析提供有效洞见。进一步的分析可参见 Heinze，2003A：sec. 5.4.

"如果……那么……"的普通或者常识性意义，而无需担忧逻辑谬误的形成。

就否定算子来说，当两项陈述不能同时为真，可称为一项陈述否定另一项陈述。[7]否定的意义将通过波浪符号"~"表示，置于表征否定性陈述的符号之前。如果 p 代表一项陈述，那么 $\sim p$ 则代表其否定句，例如：

> A：p　　起方断言对待是平等的。
>
> A：$\sim p$　　起方断言对待是不平等的。

符号使用的经济性更为可取，但对于断言被否定的次数则没有理论上的限制。**双重否定**（double negation）命题就并非罕见：

> A：$\sim\sim p$　　起方断言对待并非是不平等的。

对于任一陈述 p，我们可以说 p 等同于 $\sim\sim p$[8]：

$$p = \sim\sim p$$

据此我们可以确定立场 A：$\sim\neg p$ 与 A：p 意义相同。类似地，立场 A：$\sim\sim\sim p$ 也就和 A：$\sim p$ 意义相同，以此类推。

合取算子指涉当单个陈述为真则合取命题为真的情形。[9]比如，合取陈述"约翰有苹果并且玛丽有橘子"为真，当约翰确实有一个苹果，而且玛丽有一个橘子。同样地，陈述"约翰有苹果，但

---

〔7〕　更准确地说，否定词"意味着通过在命题中使用这类算子，来否定命题或者符合命题的真值"。Detlefsen et al, 1999：72.

〔8〕　严格来说，尽管在双重条件关系中表示 p 和 $\sim\sim p$ 具备准确性，同一性认定的问题却更为复杂。在当下分析的范围内，可以预设在后面的分析中同一性关系的认定不存在困难。

〔9〕　See e. g.，Detlefsen et al.，1999：24.

是玛丽有橘子"为真，当约翰确实有一个苹果，而且玛丽有一个橘子。该合取算子将用一个点（·）来表示，通常可读作"并且"（但同时也可以读作"可是"、"但是"、"然而"、"不过"、"尽管"或者一些类似的惯用语）。[10] 据此，为表达语句"起方断言 p 和 q"，可表示为： 17

$$A：p \cdot q$$

条件关系是两个陈述的组合，它断言了：如果一个陈述为真，则另一个陈述也为真。这种关系通常用箭头（→）[11] 置于代表该陈述的两个符号之间表示。因而为了表达起方的观点，如果 p 属实，则 q 属实，可表示为：

$$A：p \rightarrow q$$

此种结构中箭头之前的术语通常称为**前件**（antecedent），而箭头后面的术语通常称为**后件**（consequent）。[12]

---

〔10〕　传统逻辑中（不同于日常语言理论，参见 Grice, 1975），像"可是"、"然而"、"但是"、"尽管"这样的连接词并不能提供比语词"并且"的修辞格变异更多的意义。在每种情况下，连接的断言都同等地视为真：陈述"p 和 q"以及陈述"p 但是 q"都可同样表述为 p 和 q。表述"阳光照耀并且风在吹"以及表述"阳光照耀但是风在吹"都包含断言：①阳光照耀和②风在吹。通过省略适用的方式，除却"并且"以外的连接词可能从实质层面上描述了不同的意义，例如隐含着不仅阳光在照耀，并且风在吹，还包括通常在阳光照耀时风不会吹的情形。然而该命题不能在严格层面上从表述"阳光照耀但是风在吹"推导出来，而只能得自像"通常在阳光照耀时风不会吹"这样的附加前提，从而创立"p and q and r"这种形式的命题："阳光在照，风在吹，并且通常在阳光照耀时风不会吹"。参见 e. g., Rodes and Pospesel, 1997：19 – 20.

〔11〕　See e. g., Detlefsen, 1999：114.

〔12〕　*Id.*

练习题 1 – 2

翻译为符号形式。

示例:起方断言 p

答案:A:p

1. 应方着重反对 p。

2. 一些当事人的表述囊括了 p 和 q。

3. 起方辩称当 y 为真,则 x 为真。

4. 一些当事人坚持如果 x 不是真的,则 y 为真。

18 **练习题答案**

练习题 1 – 1

1. Z:x 2. A:y

3. Z:y 4. θ:p

练习题 1 – 2

1. Z:$\sim p$ 2. θ:$p \cdot q$

3. A:$y \rightarrow x$ 4. θ:$\sim x \rightarrow y$

第2章 基本对待符号

从最初着重于更为严格的平等保护立法（*dejure*）概念，近几
十年可能提出歧视诉求的情境空间越发广泛。当代非歧视性法理学
已经越来越多地包含诸如**事实性**（*de facto*）歧视的影响、平权法
案或者特别照顾的情形，[1]因此必须推出更宽泛的"对待"概念来
诠释更为多样化的诉求。然而，我们不会以考察大量案例为开端。
事实上，接下来的几章只会探究一个案例，并在分析到其他类型纠
纷之前，从中提取出尽可能丰富的形式化结构。

2.1　多萨德诉罗林森案

在本章以及接下来的几章中，为了推出该模式基本的组成部
分，将探讨美国**多萨德诉罗林森案**（Dothard v. Rawlinson）。[2]本案
事实自然具备一些有趣和非同寻常的情节。然而作为正式的问题，
我们将其看作非常典型的案例。

以下是该案事实。罗林森（Dianne Rawlinson）是在大学中完
成了矫正心理学主修课程的一名 22 岁女子。她向阿拉巴马州惩教

---

〔1〕　See chapters 14 – 17 *infra*.

〔2〕　433 U. S. 321（1977）.

委员会（Board of Corrections of the State of Alabama）提交了职位申请，期望成为一名狱警。由于体重没有达到 120 磅的最低要求，她的申请被拒绝了。依据联邦反歧视立法，[3]她针对该州当局提出性别歧视的控告，声称身高和体重要求构成对女性的歧视（女性平均身高和体重都低于男性）。她认为，身高与体重要求虽然从表面上看是中立性标准，却排除掉 41% 的女性申请者，以及不到 1% 的男性。[4]在该案审理期间，阿拉巴马州惩教委员会进一步推行了这样的举措，即免除女性在男子监狱中承担与囚犯有所接触的狱警职位的责任。这些职位被如此描述：

20

    A. ……异性在场会扰乱机构的有序运作和安全性。

    B. ……该职位要求在没有他人在场的情形下，与异性囚犯有所接触。

    C. ……该职位要求在宿舍、洗手间和淋浴室中进行巡逻……

    D. ……该职位要求对异性囚犯进行搜身……[5]

罗林森为了增加对上述规定的对抗，而修改了她的诉状。

监狱公布的职位要求必须都是男性，并遵循最高安全级别的监禁原则。阿拉巴马州的主管部门支持其对女性职员的限制，并表明囚犯的生活区域主要是配备公共淋浴间和卫生间的宿舍。[6]设置于就业方案以外的设施中还有两项，要求对再次收监的犯人进行常规的光身搜查。[7]此外，"由于人员和设备的短缺，并未对囚犯依据

---

    [3]   Title VII of the Civil Rights Act of 1964, as amended, 42 USC § § 2000e seq. and 42 USC § 1983.

    [4]   433 U. S. at 329 – 30.

    [5]   *Id.* at 325 n. 6.

    [6]   *Id.* at 326.

    [7]   *Id.*

犯罪类型和危险性进行居所隔离。"于是主管部门支持排除女性职员从事这些接触在押人员的职务，并认为："相对来说，女性在维持秩序方面的能力……可能因为其内在的性别特征而大打折扣。"[8]法庭接受了上述论证，并指出：

> 曾经实施刑法上针对女性的强奸行为的性犯罪者，如果在监狱中能够轻易与女性接触，就更容易再次犯罪。对此判断的预期存在一定的事实基础。还有一种实际存在的危险，那就是其他囚犯由于被剥夺生活在异性环境的机会，可能会基于性别身份而攻击女性狱警。监狱系统中暴力行为时有发生；囚犯在寝室等生活设施中与狱警接触；通常存在人手不足的情形；囚犯中还有相当一部分与其他犯人随机共同关押的性犯罪者。其中并没有充足可行地防范、威慑与遏制攻击女性监管人员情形的有效举措与条件。[9]

2.2　事实断言与规范断言

可以说，歧视性争议中的论证包括事实论证和规范论证两个部分。**事实断言**概念将完全是形式性的，并不会假设论述内容的实质性逻辑值。也就是说，给定案件中实际发生的情形，或者哪一方当事人就案件事实的说法更为可信，在这里并不进行假设。当然，这里会表明由当事人自己、其他证人、法官或者记者做出的，**与事实形式相关的各种说法**。比如，可能会有消息称罗林森指控发生了事件 x 和 y；且州主管机关认同事件 x 的发生，但断言事件 z 而非 y 的发生。我们可以这样记述他们就事实的分歧：

[8]　*Id.* at 335.
[9]　*Id.*

$$A: x \cdot y$$
$$Z: x \cdot z$$

与事实断言密切关联的是，当事人还会就争议做出规范断言，从而阐明他们对应当如何解释法律的观点。如果罗林森女士认为法庭应当依法做出裁决 m，而州主管机关则认为法庭应当做出裁决 n，可将其表示为：

$$A: (x \cdot y) \cdot m$$
$$Z: (x \cdot z) \cdot n$$

2.3　记号

本书将以符号 T 表示关于"平等对待"的诉求，比如多萨德案中的原告做出了这样的规范性诉求，即应当对她与男性申请者予以平等对待 [A：T]。

她也做出了**事实性**诉求，即她已经受到相对于男性申请者的**不平等**对待。那么我们可运用哪种符号来代表"对待不平等"的断言呢？符号的优势在于我们可以自由地根据喜好选择任何一个，比如我们可以用字母 U，从而表征 A：U。然而象征性符号的经济有效性，源于呈现其组成部分之间关系的能力。一项涉及平等对待的断言，和一项涉及不平等对待的断言之间的关系是**互斥**（mutual exclusion）的。当然在就不同的对待类型进行争论时，可能一方当事人认为某些情形的对待平等，而其他对待则不平等；或者给定的对待形式有时平等，有时不平等。然而，就任何特定时间的特定对待形式来说，做出事实断言的当事人，不能自相矛盾地宣称对待既是平等，又是不平等的；并且做出规范断言的当事人，也不能自相矛盾地宣称给定的对待应当同时既平等又不平等。

　　至此我们将使用符号～T 来代表"没有平等对待"（not equal treatment）或"不平等对待"（unequal treatment），而不再引入新的符号。在其事实断言中，罗林森女士辩称她受到相对于男性的不平等对待［A：～T］。在这一点上，州主管当局是认同的［Z：～T］。他们的辩护行为并非通过否认不平等对待的事实，而是尝试通过规范性依据证成此种情形的合法性。当然在这一点上，我们的符号形式依旧过于简单和浅显。如果仅仅使用符号 T 和 ～T，就无法明确其中涉及的断言是事实性还是规范性的。因此在接下来的几章，我们将基于避免混乱和疑惑的目的推出这些改进的对待符号。

　　但在结束对这两项基本对待符号的介绍之前，我们要增加一项新元素。随着分析的深入，有时在通用或者统一层面上讨论对待行为将极有助益，而不需要将其特定化为平等（T）或不平等（～T）。对此类案例的分析将使用层级更高的符号 τ（tau），而符号 T 和～T 则是符号 τ 较低层级的逻辑值，据此将确立我们的"第一个 τ 公设"，

$$\text{Ps }(\tau_1)\ \tau \subset T,\ \sim T$$

　　这仅是我们的第一个 τ 公设——由此可通过下标数字 1 表示（τ_1）——因为更多推出 τ 逻辑值的公设还会在后文出现。之后多萨德案将暂时被搁置，第 4 章则会对其进行简单探讨，其将在第 6 章再一次出现。

练习题 2－1

　　画出树形图来代表 τ 的逻辑值。

练习题 2 – 2

翻译(暂时忽略事实断言和规范断言的区别)。

示例:起方断言对待应当平等

答案:A:T

1. 应方在未致歉意的情形下,承认对待是不平等的。

2. 应方深信本案中的不平等对待情形合法。

3. 一些当事人辩称对待在事实上平等。

4. 即将论证对待可被证明为平等的是起方。

5. 应方对对待问题进行一系列论证。

6. 一些当事人做出若干关于对待的论证。

23　练习题答案

练习题 2 – 1

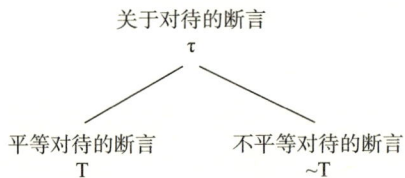

关于对待的断言
τ

平等对待的断言　　　　　不平等对待的断言
T　　　　　　　　　　　　　~T

练习题 2 – 2

1. Z : ~T　　　　2. Z : ~T　　　　3. θ:T

4. A:T　　　　5. Z:τ　　　　6. θ:τ

第 **3** 章 论证推演

我们已经看到，符号值可以从多个层面的抽象性与概括性予以   24
界定，因而层级较高的符号（比如 θ，τ）就能够代表层级较低的
符号（A，Z；T，~T）。这种层次关系有助于确立不同类型论证之
间的关系。本章我们将采用一项从更多特定论证推导出更多一般性
论证的方法。

3.1　推演方法

通过运用公设 Ps（θ）和 Ps（τ），像 A：T，A：~T，Z：T 和
Z：~T 这样的立场都可通过 θ：τ 表现为更加概括的形式。由于上
述符号的关系还非常简单，相关的推导过程都可以直接在头脑中完
成。然而，随着元素的增加，为了从具体论证推演出一般论证，需
要遵循大量的思维步骤。因而，并以书面形式推演论证的方法呈现
这个思维过程就显得非常必要。适用该方法的步骤如下：每一步的
左边将采用带圆括号的数字来说明这是哪一步；右边则逐步呈现证
成的步骤。第一步将被阐述为推导得以推进的初始或给定步骤；最
后一步则呈现出结论（∴），比如说：

    从 A：T 推导出 θ：τ

    （1）A：T　给定论证

（2） θ：T   Ps（θ）

∴ θ：τ   Ps（τ₁）

引入公设的顺序通常存在差异，因此论证推演的步骤具有多样性：

从 A：T 推导出 θ：τ

（1） A：T   给定论证

（2） A：τ   Ps（τ₁）

∴ θ：τ   Ps（θ）

25   需要说明的是，每一章最后提供的答案通常只标明其中的一种方法。

练习题 3 - 1 _____

1. 从 Z：~T 推导出 Z：τ。

2. 从 A：T 推导出 θ：T。

3. 从 θ：~T 推导出 θ：τ。

4. 从 Z：~T 推导出 θ：τ。

3.2 无效推论

为了确立原始论证更具概括性的表达，我们可能在论证推导中仅仅将概括性向上提升，并以层级较高的符号代替层级较低的符号。我们不在相反方向上推导，因为这样可能导致谬误。比如下述推导就可能无效，因为从相对抽象的论证导出具体论证是不可采的：

从 θ：τ 推导出 A：T

（1）θ：τ　　　　　给定论证

（2）A：τ　　　　　Ps（θ）

∴　A：T　　　　　Ps（$τ_1$）

该证明过程存在两项错误。在步骤（2）中，A 从 θ 推出的推论是无效的，因为 A 仅仅是 θ 中可能的逻辑值。在结论步骤中，T 同样被错误地从 τ 推出，因为 T 仅仅是 τ 中可能的逻辑值。尽管从 A：T 推出 θ：τ 是必要的，从 θ：τ 推出 A：T 却并非如此。这是因为 θ：τ 也可以产生 Z：T、A：~T 或 Z：~T。我们将把论证推演限制到那些从其他论证必须推演的论证上。为了弄清允许沿着概括性阶梯逐级"下"移的那类错误，请思考下列推演：

从 A：T 推导出 Z：T

（1）A：T　　　　　给定论证

（2）θ：T　　　　　Ps（θ）

∴　Z：T　　　　　Ps（θ）

现实中 A 和 Z 确实可能在对待"是"或者"应当"平等这一点上达成共识，但这很难说是理所当然的或者必然的思路。在推演论证时，我们绝不会允许仅仅呈现某种可能性的步骤。论证步骤将限制在必然从先前步骤推导而来的范围之内。 26

练习题 3－2

标示出下述推论是有效还是无效的。

1. 从 Z：T 推导出 θ：T。

2. 从 θ：T 推导出 Z：T。

3. 从 A：~T 推导出 Z：~T。

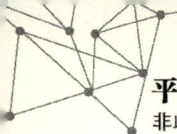

4. 从 A：~T 推导出 A:τ。

5. 从 A：~T 推导出 θ:τ。

6. 从 θ:τ 推导出 A:τ。

练习题答案

练习题 3−1

1. (1) Z：~T   给定论证   2. (1) A：T   给定论证

∴ Z:τ $Ps(\tau_1)$ ∴ θ:T $Ps(\theta)$

3. (1) θ：~T   给定论证   4. (1) Z：~T   给定论证

∴ θ:τ $Ps(\tau_1)$ (2) θ：~T $Ps(\theta)$

∴ θ:τ $Ps(\tau_1)$

练习题 3−2

1. 有效   2. 无效   3. 无效

4. 有效   5. 有效   6. 无效

第 4 章　规范立场

在第 2 章和第 3 章中，为了关注平等和不平等对待的断言之间 27
的基本区别，我们搁置了对事实断言和规范断言区别的讨论。本章
将介绍道义逻辑的概念作为命名特定规范断言的方式。

4.1　道义概念

形式逻辑可划分为多个领域，其中之一就是**道义**（deontic）
逻辑，即规范的逻辑。[1]道义逻辑阐明诸如"义务"、"禁止"和
"允许"这些概念之间的关联性。由于我们只是采用若干基本概
念，这里并不要求展开道义逻辑的细节性研究。[2]**义务和允许**在
涉及论证的规范属性时，会引起我们特别的兴趣。从这些概念中
发掘出来的关系，可回溯到霍菲尔德阐述的关系类型，但这里不
会对其进行深入探讨。[3]考察特定类型的陈述已经足够，当事人
暂时在陈述中辩称法律**要求**给定的结果，可将其称为**强制性断言**
（compulsory assertion）。我们将纳入**标记**即上标字母 c，来表示 τ

---

〔1〕　该词源于希腊语 *deon*，意思是"义务"或者"责任"（obligation）。见介绍，
note 21 supra.

〔2〕　Cf. 道义分析的运用参见 Heinze，2003b.

〔3〕　Cf. Heinze 2003A：Introduction.

33

中一部分逻辑值。例如，由于 T 代表断言："对待是平等的。" T^c 将意指断言"平等对待是强制性的"或者"法律要求平等对待"。[4]强制性断言将和许可性断言区分开，并用上标字母 p 来表示后者。因此 T^p 意指断言"平等对待是被允许的"或者"法律允许在本案中的平等对待"。那么我们可以假定下述 T 和 ~T 的逻辑值：

$$T = \text{"对待是平等的"} \qquad \sim T = \text{"对待是不平等的"}$$

28　　我们可以针对这些逻辑值采用以下道义概念，[5]随着分析的推进可以发现，在非歧视性法学中这些概念都会得以实际运用：

T^c = "平等对待是强制性的"或"法律要求平等对待"

$\sim T^c$ = "不平等对待是强制性的"或"法律要求不平等对待"

T^p = "平等对待是被允许的"或"法律允许平等对待"

$\sim T^p$ = "不平等对待是被允许的"或"法律允许不平等对待"

$T^{\sim c}$ = "平等对待不是强制性的"或"法律不要求平等对待"

$\sim T^{\sim c}$ = "不平等对待不是强制性的"或"法律不要求不平等对待"

$T^{\sim p}$ = "平等对待是不被允许的"或"法律不允许平等对待"

$\sim T^{\sim p}$ = "不平等对待是不被允许的"或"法律不允许不平等对待"

我们也会采用一些公式来说明上述概念的关系，注意以下强制

---

〔4〕 上标中道义元素的放置虽然和主流使用方法有差异，但本书研究的目的是保持对符号 τ 的主要关注。若需概览道义逻辑中更加通行的符号形式，参见 e. g., Kalinowski, 1972.

〔5〕 请注意**禁止**（prohibition）概念可以纳入断言某事物**不被允许**（not permissible, ~p）的替换框架中。

性与许可性概念之间的**等值关系**：[6]

$$F.4-1 \quad T^c = \sim T^{\sim p} \qquad F.4-2 \quad T^p = \sim T^{\sim c}$$

$$F.4-3 \quad T^{\sim c} = \sim T^p \qquad F.4-4 \quad T^{\sim p} = \sim T^c$$

这些公式表明，任一强制性断言可以通过许可性断言表述；任一许可性断言也可以通过强制性断言表述。

4.2　规范对待公设

回顾之前的讨论，第一个 τ 公设只包含平等和不平等对待的元素：

$$Ps（\tau_1） \qquad \tau \subset T, \quad \sim T$$

其中并未提供任何关于断言的事实特征或者规范特征的信息。　29
我们现在可以采用公设来呈现规范断言中 τ 的逻辑值：

$$Ps（\tau^c） \qquad \tau^c \subset T^c, \quad \sim T^c$$

$$Ps（\tau^p） \qquad \tau^p \subset T^p, \quad \sim T^p$$

就多萨德案来说，当事人的规范立场现在可以通过更加精准的表述，来呈现他们之间的分歧。起方的规范立场可以表述为 A：T^c，而应方的规范立场则为 Z：$\sim T^p$。

---

〔6〕　Cf. Section 1.6，note 8 supra. 再次强调，以双条件句的形式呈现或许更加谨慎，但在该模式的框架内，我们规定这些等值关系确立了每对术语的同一性。

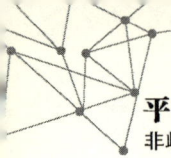

练习题 4 – 1

翻译。

示例：起方断言平等对待是被要求的。

答案：$A : T^c$

1. 应方回应平等对待是不被要求的。

2. 应方回应不平等对待是被允许的。

3. 起方坚持不平等对待是不被要求的。

4. 一些当事人回应不平等对待是被允许的。

5. 一些当事人做出若干关于对待的许可性断言。

6. 起方以对待的强制性断言予以作答。

7. 起方回应不平等对待是不被禁止的。

练习题 4 – 2

以许可性和非许可性断言的形式改写下列立场。

示例：$A : T^c$

答案：$A : \sim T^{\sim p}$

1. $Z : T^{\sim c}$

2. $\theta : \sim T^c$

3. $Z : \sim T^{\sim\sim c}$

4. $A : \sim\sim T^c$

5. $\theta : \sim T^{\sim c}$

6. $\theta : \sim\sim\sim T^{\sim c}$

7. $A : T^c \cdot T^{\sim\sim p}$

8. $A : T^c \rightarrow \sim T^{\sim c}$

9. $\theta : T^c \cdot \sim T^{\sim c}$

10. $Z : \sim T^{\sim\sim c} \cdot \sim\sim\sim T^p$

以强制性和非强制性断言的形式改写下列立场。

示例：A：T^p

答案：A：$\sim T^{\sim c}$

1. θ：$\sim T^p$

2. Z：$\sim\sim T^{\sim p}$

3. Z：$\sim T^{\sim\sim p}$

4. θ：$\sim\sim T^{\sim p}\rightarrow T^{\sim c}$

5. θ：$T^p\rightarrow\sim T^p$

6. θ：$\sim\sim T^{\sim p}\cdot\sim\sim\sim T^{\sim c}$

7. A：$\sim\sim T^{\sim\sim p}\rightarrow\sim T^{\sim\sim\sim c}$

为练习题 4 - 1 中的第 1 题到第 4 题的内容提供可替换的符号形式。

示例：起方断言平等对待是被要求的。

答案：A：$\sim T^{\sim p}$

4.3　不矛盾律

我们已经从经典逻辑中接受了这样的假设，那就是给定命题 X 中，X 和 $\sim$X 不可能同时为真。[7]这里将认同当事人可能接受两项冲突的立场，从而推出不同的论证，例如以可替代形式论证为目

---

〔7〕　该原则即通常所说的"矛盾律"（the "law of contradiction" or the "law of non-contradiction"）。Detlefsen et al.，1999：60. 并且和 1.6 部分中适用的否定概念具有相关性，text accompanying note 7 supra.

的，但不表达任何一项论证。因此这里将假定当事人不会断言（作为同一论证的组成部分），法律**要求**平等对待，**并且**法律**不要求**平等对待：

$$F.4-5 \quad \sim(T^c \cdot T^{\sim c})$$

"并不是说，法律要求平等对待**并且**法律不要求平等对待。"

31　　类似地，我们将假定当事人不会断言（作为同一论证的组成部分）法律**要求**不平等对待**并且**法律**不要求**不平等对待：

$$F.4-6 \quad \sim(\sim T^c \cdot \sim T^{\sim c})$$

"并不是说，法律要求不平等对待并且法律不要求不平等对待。"

因此，对**任一**关于对待的论证 τ：

$$F.4-7 \quad \sim(\tau^c \cdot \tau^{\sim c})$$

"并不是说，法律要求给定的对待**并且**法律不要求该给定等对待。"

注意从 F.4-1 到 F.4-4 允许采用这些原则的可替换公式，例如，借助 F.4-3 到 F.4-5，我们可以说：

$$F.4-8 \quad \sim(T^c \cdot \sim T^p)$$

"并不是说，法律要求平等对待**并且**法律允许不平等对待。"

通过同样的方式，我们可以假定当事人不会断言（作为同一论证的组成部分）法律**允许**平等对待**并且**法律**不允许**平等对待：

$$F.4-9 \quad \sim(T^p \cdot T^{\sim p})$$

"并不是说，法律允许平等对待**并且**法律禁止（不允许）平等对待。"

类似地，我们将假定当事人不会断言（作为同一论证的组成部分）法律**允许**不平等对待**并且**法律**不允许**不平等对待：

$$F.4-10 \quad \sim(\sim T^p \cdot \sim T^{\sim p})$$

"并不是说，法律允许不平等对待**并且**法律禁止不平等对待。"因此，对任一关于对待的论证 τ：

$$F.4-11 \quad \sim(\tau^p \cdot \tau^{\sim p})$$

"并不是说，法律允许给定的对待**并且**法律禁止该给定对待。"引申开来，我们将接纳下述直观性问题：

$F.4-5'\quad \sim(T^c \rightarrow T^{\sim c})$	$F.4-6'\quad \sim(\sim T^c \rightarrow \sim T^{\sim c})$
$F.4-5''\quad \sim(T^{\sim c} \rightarrow T^c)$	$F.4-6''\quad \sim(\sim T^{\sim c} \rightarrow \sim T^c)$
$F.4-9'\quad \sim(T^p \rightarrow T^{\sim p})$	$F.4-10'\quad \sim(\sim T^p \rightarrow \sim T^{\sim p})$
$F.4-9''\quad \sim(T^{\sim p} \rightarrow T^p)$	$F.4-10''\quad \sim(\sim T^{\sim p} \rightarrow \sim T^p)$

4.4　必要条件关系

32

需要注意，下述**必要条件关系**被接受为公理性的或不言自明的，即从定义上视其为真。首先，只有某事物是被允许的，其才可能是强制性的。比如，如果法律**要求**我缴纳所得税——并假定不存在冲突规则[8]——那么从解释层面上法律**允许**我这样做。类似地，如果平等对待是强制性的，那么其必然也是被允许的：

---

　　[8]　冲突性规则的可能性，例如，在跨司法管辖区的语境下，道义概念的应用通常受到了限制。参见 e. g. , Rodes and Pospesel, 1997：336 note 3, and 345 - 46. 然而在本研究中，我们所关注的并非纠纷的正确解决，而只是纠纷各方论辩的建构，并且限于分析某一方当事人是否提出了（声称）解决任一类似不一致性的立场。

$$\text{F.4 - 12} \quad T^c \rightarrow T^p$$

并且如果**不**平等对待是强制性的，那么其必然也是被允许的：

$$\text{F.4 - 13} \quad \sim T^c \rightarrow \sim T^p$$

因此，对任一关于对待的论证 τ，如果该项对待是强制性的，那么也是被允许的：

$$\text{F.4 - 14} \quad \tau^c \rightarrow \tau^p$$

另外，如果某事物是被禁止的，那么其必然不是强制性的：如果我不被允许在商店行窃，那么从解释层面上我未被要求去商店行窃。如果平等对待被禁止，那么其必然不是强制性的：

$$\text{F.4 - 15} \quad T^{\sim p} \rightarrow T^{\sim c}$$

并且如果不平等对待是不被允许的，那么其必然不是强制性的：

$$\text{F.4 - 16} \quad \sim T^{\sim p} \rightarrow \sim T^{\sim c}$$

因此，对任一关于对待的论证 τ，如果该项对待是被禁止的，那么也不是强制性的：

$$\text{F.4 - 17} \quad \tau^{\sim p} \rightarrow \tau^{\sim c}$$

33   4.5   重言式

"重言式"逻辑概念并不像我们想象的那么简单。在不进一步探究其细节的前提下，我们将认同任何命题都蕴含其本身。也就是说，对于任一命题 p，可以说 p→p，因此可将其解释为公理性的：

$$\text{F.4 - 18} \quad T^c \rightarrow T^c \qquad\qquad \text{F.4 - 19} \quad T^p \rightarrow T^p$$

F. 4 – 20　　$\sim T^c \rightarrow \sim T^c$　　　　　　F. 4 – 21　　$\sim T^p \rightarrow \sim T^p$

F. 4 – 22　　$T^{\sim c} \rightarrow T^{\sim c}$　　　　　　F. 4 – 23　　$T^{\sim p} \rightarrow T^{\sim p}$

F. 4 – 24　　$\sim T^{\sim c} \rightarrow \sim T^{\sim c}$　　　　F. 4 – 25　　$\sim T^{\sim p} \rightarrow \sim T^{\sim p}$

4.6　谬误

按照公式 F. 4 – 12，立场 A：T^c 必然蕴含 A：T^p，按照公式 F. 4 – 18，它也蕴含它本身，因此可以说 A：T^c 蕴含 A：$T^c \cdot T^p$。类似地，按照公式 F. 4 – 15，θ：$T^{\sim p}$ 必然蕴含 θ：$T^{\sim c}$，因此公式 F. 4 – 23 也蕴含 θ：$T^{\sim p} \cdot T^{\sim c}$。相反，下面几种关系尽管在某些情境下可能为真，但并不必然为真：

$$F. 4 – 26　　T^p \rightarrow T^c$$

例如，我被允许购买合法销售的报纸这个事实，并不蕴含我被要求购买它。接受 $T^p \rightarrow T^c$ 作为公理是不正确的，因为在某些情境下这样会构成谬误。

在非正式话语中，我们有时或许会分析这种断言，即某些事物被允许蕴含其**并非强制性**的，例如，我们通常认为我被允许购买一份报纸的事实，蕴含我**不**被要求购买它。类似地，我们可能会揣测，如果给定的平等对待形式被设计为许可性的，因此它就不是强制性的：

$$F. 4 – 27　　T^p \rightarrow T^{\sim c}$$

然而该命题即使在某些案例中为真，不代表在所有情形下为真，也就不能被接受为公理。按照 F. 4 – 12，某事物（比如平等对待）被允许的原因正有**可能**因为其被**要求**（$T^c \rightarrow T^p$）。在此种情形

41

34　下，说被允许的 T **并非**强制性就会造成矛盾。[9]（照此类推，我被允许缴税的事实并不必然蕴含我不被要求这样做：多数情况下，我之所以被允许这样做是因为我被要求这样做。）

　　类似地，我不被要求购买报纸的事实并不蕴含我不被允许这样做。引申来说，假定平等对待不是强制性的，这并不代表它是被禁止的。下述关系可能在某些情形下有效，但不能被接受为公理：

---

[9]　这种矛盾可以通过假言三段论规则予以呈现，并遵循以下一般形式：

　　　（1）p→q
　　　（2）q→r
　　　∴　　p→r

也就是说，如果命题 p→q 和 q→r 为真。那么命题 p→r 必然为真。例如，给定以下 p、q 和 r 逻辑值：

　　　p = 苏格拉底是一位哲学家。
　　　q = 苏格拉底是一个人。
　　　r = 苏格拉底从猿类进化而来。

我们可以进行以下推论：

如果苏格拉底是一位哲学家，那么苏格拉底是一个人。
如果苏格拉底是一个人，那么苏格拉底从猿类进化而来。
所以，如果苏格拉底是一位哲学家，那么苏格拉底从猿类进化而来。

我们将认同前提出现的秩序会存在差异，因而这样表述同样有效：

　　　（1）q→r
　　　（2）p→q
　　　∴　　p→r

所以，

　　　（1）$T^p \to T^{\sim c}$　　我们会检验第一步来考察其是否会引发谬误。
　　　（2）$T^c \to T^p$　　　第二步按照 **F. 4 – 12** 是公理性的，因而不可能构成谬误。
　　　∴　　$T^c \to T^{\sim c}$　　这一步与 **F. 4 – 5′** 存在矛盾。如果第二步不可能是谬误性的，那么第一步构成谬误。

$$F.4-28 \quad T^{\sim c} \rightarrow T^{\sim p}$$

或者说，在非正式话语中，我们有时或许会分析这种断言，即某事物不是强制性的来蕴含其是被允许的：

$$F.4-29 \quad T^{\sim c} \rightarrow T^{p}$$

再次分析，此类断言只在特定情形，而不是所有情形下有效。 35 按照 F.4-15，平等对待不是强制性的正有可能因为其并非是被允许的（$T^{\sim p} \rightarrow T^{\sim c}$）。在此种情形下，并非强制性的 T 是被允许的这种说法就会造成矛盾。[10]（照此类推，我不被要求丢垃圾的事实并不意味着我被允许这样做：据此可推测，我不被要求丢垃圾的原因是我不被允许丢垃圾。）

练习题 4-5

以下哪项公式必然为真？

1. $\sim T^{c} \rightarrow \sim T^{c}$
2. $\sim T^{c} \rightarrow T^{\sim p}$
3. $T^{p} \rightarrow \sim T^{p}$
4. $T^{\sim c} \rightarrow T^{p}$
5. $T^{\sim c} \rightarrow \sim T^{p}$
6. $\sim T^{\sim p} \rightarrow T^{p}$
7. $T^{\sim p} \rightarrow \sim T^{c}$
8. $T^{p} \rightarrow T^{\sim c}$
9. $\sim (T^{c} \cdot T^{\sim c})$
10. $\tau^{\sim p} \rightarrow \tau^{\sim c}$

---

[10]　正如在上个注释中讲到的那样，该矛盾基于下述推论而形成：

（1）　$T^{\sim c} \rightarrow T^{p}$　我们会检验第一步来考察其是否会引发谬误。

（2）　$T^{p} \rightarrow T^{\sim c}$　第二步按照 F.4-15 是公理性的，因而不可能构成谬误。

∴　$T^{\sim p} \rightarrow T^{p}$　这一步与 F.4-9'' 存在矛盾。如果第二步不可能是谬误性的，那么第一步构成谬误。

4.7　未指明标记

在不考虑是否判断其为强制性或者许可性的情形下，将断言指定为单纯规范性，将对研究有所助益。特别是我们可能只是想将规范断言和事实断言区分开，而不打算进一步指明该规范断言是强制性还是许可性的。上标字母 γ（gamma）可以作为满足该目的的标记（τ^γ）：

$$Ps（\gamma）\qquad \gamma \subset c, p$$
$$Ps（\tau^\gamma）\qquad \tau^\gamma \subset \tau^c, \tau^p$$

因此，符号 τ^γ 代表任一关于对待的规范断言，强制性或者许可性的。据此，为表达一些当事人做出若干规范断言，可表示为：θ：τ^γ（见图 4 - 1）。

36　4.8　推演论证

等值关系（relationships of equivalence）和必要条件关系可以作为推导论证中证明过程的步骤。作为证成步骤的等值关系可标记为"RE"，必要条件关系可标记为"NCR"：

从 A：T^c 推导出 θ：$\sim T^{\sim p}$

（1）A：T^c　　　　给定论证

（2）θ：T^c　　　　Ps（θ）

∴　θ：$\sim T^{\sim p}$　　　RE

从 A：T^c 推导出 θ：T^p

（1）A：T^c　　　　给定论证

（2）θ：T^c　　　　Ps（θ）

∴　θ：T^p　　　　NCR

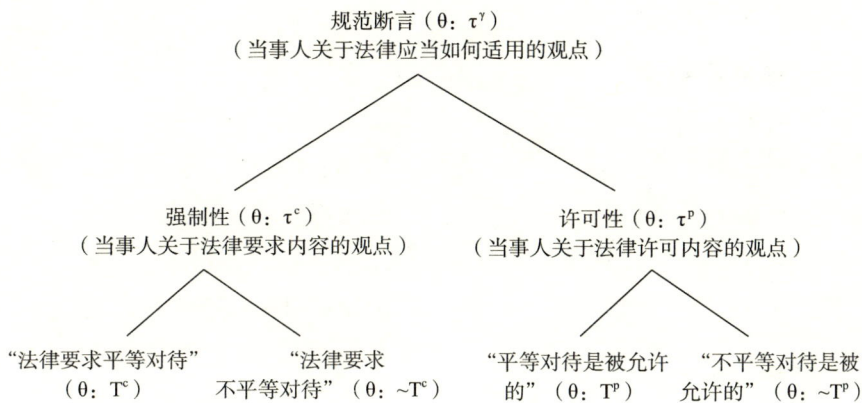

规范断言（θ：τ^γ）
（当事人关于法律应当如何适用的观点）

强制性（θ：τ^c）
（当事人关于法律要求内容的观点）

许可性（θ：τ^p）
（当事人关于法律许可内容的观点）

"法律要求平等对待"
（θ：T^c）

"法律要求
不平等对待"（θ：~T^c）

"平等对待是被允许
的"（θ：T^p）

"不平等对待是被
允许的"（θ：~T^p）

图 4 - 1

练习题 4 - 6

1. 从 Z：~T^c 推导出 Z：τ^c。

2. 从 A：T^p 推导出 θ：τ^p。

3. 从 Z：T$^{~p}$ 推导出 θ：τ^c。

4. 从 A：~T$^{~c}$ 推导出 θ：τ^p。

5. 从 Z：~T^c 推导出 θ：τ^p。

6. 从 A：T^c 推导出 A：τ^γ。

7. 从 Z：~T^c 推导出 θ：τ^γ。

8. 从 A：~T$^{~p}$ 推导出 θ：τ^γ。

练习题答案

练习题 4 - 1

1. Z：T$^{~c}$

2. Z：~T^p

3. A：~T$^{~c}$

4. θ：~T^p

5. θ：τ^p

6. A：τ^c

7. A：$\sim T^p$（A：$\sim T^{\sim\sim p}$）

练习题 4－2

1. Z：$\sim T^p$　　　　　　　　　2. θ：$T^{\sim p}$

3. Z：$T^{\sim p}$　　　　　　　　　4. A：$\sim T^{\sim p}$

5. θ：T^p　　　　　　　　　6. θ：T^p

7. A：$\sim T^{\sim p}\cdot T^p$　　　　　8. A：$\sim T^{\sim p}\rightarrow T^p$

9. θ：$\sim T^{\sim p}\cdot T^p$　　　　10. Z：$T^{\sim p}\cdot\sim T^p$

练习题 4－3

1. θ：$T^{\sim c}$　　　　　　　　2. Z：$\sim T^c$

3. Z：$T^{\sim c}$　　　　　　　　　4. θ：$\sim T^c\rightarrow T^{\sim c}$

5. θ：$\sim T^c\rightarrow T^{\sim c}$　　　6. θ：$\sim T^c\cdot\sim T^c$

7. A：$\sim T^{\sim c}\rightarrow\sim T^{\sim c}$

练习题 4－4

1. Z：$\sim T^p$　　　　　　　　　2. Z：$T^{\sim c}$

3. A：T^p　　　　　　　　　　4. θ：$T^{\sim c}$

练习题 4－5

问题 1、2、5、6、7、9 和 10 中的公式必然为真。

练习题 4－6

1. （1）Z：$\sim T^c$　　　　　　　给定论证

　　∴ Z：τ^c　　　　　　　Ps（τ^c）

2. （1）A：T^p　　　　　　　　给定论证

　　（2）θ：T^p　　　　　　　Ps（θ）

　　∴ θ：τ^p　　　　　　　Ps（τ^p）

3. （1）Z：$T^{\sim p}$　　　　　　　给定论证

$(2)\theta:T^{\sim p}$　　　　　　　$Ps(\theta)$

$(3)\theta:\sim T^{c}$　　　　　　　RE

$\therefore\ \theta:\tau^{c}$　　　　　　　　$Ps(\tau^{c})$

4. $(1)A:\sim T^{\sim c}$　　　　　给定论证

　 $(2)\theta:\sim T^{\sim c}$　　　　　$Ps(\theta)$

　 $(3)\theta:T^{p}$　　　　　　　RE

　 $\therefore\ \theta:\tau^{p}$　　　　　　　$Ps(\tau^{p})$

5. $(1)Z:\sim T^{c}$　　　　　　给定论证

　 $(2)\theta:\sim T^{c}$　　　　　　$Ps(\theta)$

　 $(3)\theta:\sim T^{p}$　　　　　　NCR

　 $\therefore\ \theta:\tau^{p}$　　　　　　　$Ps(\tau^{p})$

6. $(1)A:T^{c}$　　　　　　　给定论证

　 $(2)A:\tau^{c}$　　　　　　　$Ps(\tau^{c})$

　 $\therefore\ A:\tau^{\gamma}$　　　　　　　$Ps(\tau^{\gamma})$

7. $(1)Z:\sim T^{c}$　　　　　　给定论证

　 $(2)\theta:\sim T^{c}$　　　　　　$Ps(\theta)$

　 $(3)\theta:\tau^{c}$　　　　　　　$Ps(\tau^{c})$

　 $\therefore\ \theta:\tau^{\gamma}$　　　　　　　$Ps(\tau^{\gamma})$

8. $(1)A:\sim T^{\sim p}$　　　　　给定论证

　 $(2)\theta:\sim T^{\sim p}$　　　　　$Ps(\theta)$

　 $(3)\theta:T^{c}$　　　　　　　RE

　 $(4)\theta:\tau^{c}$　　　　　　　$Ps(\tau^{c})$

　 $\therefore\ \theta:\tau^{\gamma}$　　　　　　　$Ps(\tau^{\gamma})$

第 **5** 章 定理

我们已经对一系列公设进行了考察，其中阐述了不同层级中符号之间的关系。在本章我们采用了类似于推导论证的方法，也是使阐述特定高阶符号逻辑值更经济的方法。

5.1 定理

通过整合不同的公设，可以形成更加精确的对层级更高符号的解释。**定理**这一术语会被用来表示从一个或者多个符号形式中推导出一系列逻辑值的公式。例如，通过联合 Ps（τ^γ）和 Ps（τ^c），我们可以获取 τ^γ 更加精确的逻辑值。这里就有一个提供 τ^γ 替换性解释的可能定理：

$$\tau^\gamma \subset T^c, \quad \sim T^c, \quad \tau^p$$

随着分析的推进，需要引入提供记录形式的——从公设中推导出来的——定理。这里将采取的是类似于论证推导方法的推进性步骤（progressive steps）。注意这里的第一步不仅仅作为给定论证的证成，而是阐述若干初始性公设。比如：

证明定理：$\tau^\gamma \subset T^c$，$\sim T^c$，τ^p

（1）$\tau^\gamma \subset \tau^c$，$\tau^p$ Ps（τ^γ）

$\therefore \ \tau^{\gamma} \subset T^c, \ \sim T^c, \ \tau^p \qquad Ps\ (\tau^c)$

在不考虑引入公设顺序的前提下，也可以得出同样的结果，证明定理：$\tau^{\gamma} \subset T^c, \ \sim T^c, \ \tau^p$

（1）$\tau^c \subset T^c, \ \sim T^c \qquad\qquad Ps\ (\tau^c)$

$\therefore \ \tau^{\gamma} \subset T^c, \ \sim T^c, \ \tau^p \qquad Ps\ (\tau^{\gamma})$

与论证的推导类似，练习题中的答案将在某些情形下只呈现一种可能方法。

练习题 5−1 40

推导下列定理。

1. $\tau^{\gamma} \subset \tau^c, \ T^p, \ \sim T^p$

2. $\tau^{\gamma} \subset T^c, \ \sim T^c, \ T^p, \ \sim T^p$

3. $\tau^{\gamma} \subset T^c, \ \sim T^c, \ \sim T^{\sim c}, \ T^{\sim c}$

4. $\tau^{\gamma} \subset \ \sim T^{\sim p}, \ T^{\sim p}, \ T^p, \ \sim T^p$

即使很少的公设也能形成大量的定理，例如，练习题 5−1 罗列出四种不同的陈述符号 τ^{γ} 逻辑值的定理，但并非所有定理的作用都是一样的。第二题中的定理的作用正如出现在图 4−1 的那样，在于其显示出 τ^{γ} 所有最具体的逻辑值。相反，第一、三和四题中的定理只提供了适用公设的一些练习，且不会成为重要的一般问题。据此，附录中将记载所有的公设，但只提供那些更有意义的定理：

$$Th\ (\tau^{\gamma}) \qquad \tau^{\gamma} \subset T^c, \ \sim T^c, \ T^p, \ \sim T^p$$

定理可以像公设一样，被用来证成论证推导或者提供其他定理中的步骤。为了保障这些步骤的可预见性，我们在证明过程中将只

采用附录中出现的定理。而且这些定理，可能像公设一样存在导入顺序的不同，这样就考虑到了多个正确答案的可能性。

5.2　有效推论与无效推论

定理的证明过程与论证的推导过程走向是相反的。我们在论证推导中必须逐层提升概括的级别，用更高层级的符号代替更低层级的符号，从而确立初始论证的更加一般性的陈述。在定理的证明中，我们则必须逐层下移概括的级别，从而确立一系列更为特定符号的逻辑值。例如，通过指明 τ^c 的任一逻辑值代表 τ^γ 的一项逻辑值来降低层级，是被允许的。然而我们无法通过许可 τ^γ 代表 τ^c 的任一给定逻辑值来提升层级。也就是说，从公设 $\tau^\gamma \subset \tau^c$，$\tau^p$ 中我们无法采用定理 $\tau^c \subset \tau^\gamma$ 或者定理 $\tau^p \subset \tau^\gamma$，因而在证明过程中的两个步骤都属于谬误：

证明定理：$T^c \subset \tau^\gamma$

(1) $T^c \subset \tau^c$ 　　　　　　　Ps（τ^c）

∴ 　$T^c \subset \tau^\gamma$ 　　　　　　Ps（τ^γ）

---

41 练习题答案

练习题 5 −1

1. (1) $\tau^\gamma \subset \tau^c$，$\tau^p$ 　　　　　　　　　Ps(τ^γ)

∴ $\tau^\gamma \subset \tau^c$，$T^p$，$\sim T^p$ 　　　　Ps(τ^p)

2. (1) $\tau^\gamma \subset \tau^c$，$\tau^p$ 　　　　　　　　　Ps(τ^γ)

(2) $\tau^\gamma \subset T^c$，$\sim T^c$，τ^p 　　　　Ps(τ^c)

∴ $\tau^\gamma \subset T^c$，$\sim T^c$，T^p，$\sim T^p$ 　　Ps(τ^p)

3. $(1)\tau^{\gamma}\subset\tau^{c},\tau^{p}$ $\qquad$ $Ps(\tau^{\gamma})$

$(2)\tau^{\gamma}\subset T^{c}, \sim T^{c},\tau^{p}$ $\qquad$ $Ps(\tau^{c})$

$(3)\tau^{\gamma}\subset T^{c}, \sim T^{c},T^{p}, \sim T^{p}$ $\qquad$ $Ps(\tau^{p})$

$(4)\tau^{\gamma}\subset T^{c}, \sim T^{c}, \sim T^{\sim c}, \sim T^{p}$ $\qquad$ RE

$\therefore \tau^{\gamma}\subset T^{c}, \sim T^{c}, \sim T^{\sim c},T^{\sim c}$ $\qquad$ RE

4. $(1)\tau^{\gamma}\subset\tau^{c},\tau^{p}$ $\qquad$ $Ps(\tau^{\gamma})$

$(2)\tau^{\gamma}\subset T^{c}, \sim T^{c},\tau^{p}$ $\qquad$ $Ps(\tau^{c})$

$(3)\tau^{\gamma}\subset T^{c}, \sim T^{c},T^{p}, \sim T^{p}$ $\qquad$ $Ps(\tau^{p})$

$(4)\tau^{\gamma}\subset \sim T^{\sim p}, \sim T^{c},T^{p}, \sim T^{p}$ $\qquad$ RE

$\therefore \tau^{\gamma}\subset \sim T^{\sim p},T^{\sim p},T^{p}, \sim T^{p}$ $\qquad$ RE

第 **6** 章 一般断言型式

42 　　在详尽阐述了关于对待的规范断言的符号以后，我们现在可以为事实断言采用一种更加精确的形式。

6.1　记号

　　我们已经看到规范断言可以通过强制性或者许可性术语进行表述，而事实性假定基于我们的研究目的未被分为特殊种类。它们唯一的突出特点在于它们**不是规范性的**（not normative），因此符号 ~γ 可用来表示关于对待的**事实性**（也就是非规范的，non-norma-tive）断言。

　　这种标识的选择并非显明。作为一般问题，并非规范性的话语并不代表其必然为事实性，而有可能是其他一些种类的话语，像疑问句或者感叹句。然而顾及我们的研究目的，这里排除了任何其他类型的话语，仅仅认同事实话语和规范话语，这样就使任何非规范话语归结为事实性的，且任何非事实话语归结为规范性的。我们正建构一种规范断言与事实断言之间的互斥关系，并将排除对任何对待断言的认可，除非其可从形式上认定为规范性的（γ）或者事实性的（~γ）。

　　此外，在表述一项断言作为形式上的"事实性"时，我们并未预设实质真值。该特征仅仅意味着该断言以事实语言（不同于规范语言）进行了表述，例如断言"女性和男性被不平等地对待"在形式上的事实性，无论其实质上是否为真（或者说无论其是否具备清晰明确的意义），也不考虑用来支持该断言的证据种类。多萨德案中，起方断言在事实上女性和男性受到了不平等对待 [A：~ T$^{\sim\gamma}$]，且州管理机构对此表示认同 [Z：~ T$^{\sim\gamma}$]。他们的分歧是规范的而非事实的。

正如规范断言那样，在不明确某断言是关于平等还是不平等对待的情形下，对事实断言进行标识也将有所助益。基于此目的，可以采用符号 τ$^{\sim\gamma}$，因而：

$$Ps（τ^{\sim\gamma}）\quad τ^{\sim\gamma} \subset T^{\sim\gamma}, \ \sim T^{\sim\gamma}$$

如果意欲表述一些当事人做出若干涉及对待的事实断言，而不去明确其关于平等对待 [θ：T$^{\sim\gamma}$] 还是不平等对待 [θ：~ T$^{\sim\gamma}$] 的情形，我们可以采用更加概括的公式 [θ：τ$^{\sim\gamma}$]。 43

练习题6-1

翻译。

示例：起方断言对待是不平等的。

答案：A：~ T$^{\sim\gamma}$

1. 应方公司承认对待是不平等的。

2. 一些当事人宣称对待是平等的。

3. 应方解释了为什么不平等对待被证成。

4. 起方做出一些关于对待的事实断言。

5. 一些人清晰地做出一些关于对待的事实断言。

6. 应方以关于对待的一项断言愤怒地反驳。

7. 一些当事人做出若干关于对待的断言。

练习题 6 – 2

1. 从 A：~ T^{~γ} 推出 A：τ^{~γ}。

2. 从 Z：~ T^{~γ} 推出 θ：τ^{~γ}。

6.2 对待断言的一般型式

我们已经将所有对待断言区分为规范断言和事实断言。无标记的 τ 可用来指代所有可能（包括事实性与规范性）的对待断言，据此阐明 τ [与 Ps（τ_1）进行比较] 逻辑值的第二项公设可表述为：

$$Ps（τ_2）\quad τ⊂τ^γ,\ τ^{~γ}$$

44 **练习题 6 – 3**

用公设来推导下述定理。

1. $τ⊂τ^c,τ^p,τ^{~γ}$

2. $τ⊂T^c,~T^c,T^p,~T^p,T^{~γ},~T^{~γ}$

现在回忆一下上一章的内容，符合研究取向的定理将载入本书附录，并将作为以更简明方式完成证明的一种方式予以介绍。

练习题 6 – 4

用尽可能少的步骤重做练习题 6 – 2 中的第二题。

在练习题 6 – 3 和 6 – 4 中，第二题中证明的定理会引起兴趣，因为其阐述了 τ 中所有特定逻辑值，因此也包含在附录内容当中：

$$\mathrm{Th}(\tau) \quad \tau \subset T^c, \sim T^c, T^p, \sim T^p, T^{\sim\gamma}, \sim T^{\sim\gamma}$$

练习题 6-5

1. 画出树形图来呈现符号 $\tau^{\sim\gamma}, T^{\sim\gamma}, \sim T^{\sim\gamma}$ 之间的关系。
2. 画出树形图来呈现 τ 所有逻辑值。

练习题答案   45

练习题 6-1

1. Z: $\sim T^{\sim\gamma}$ 2. θ: $T^{\sim\gamma}$ 3. Z: $\sim T^p$ 4. A: $\tau^{\sim\gamma}$

5. θ: $\tau^{\sim\gamma}$ 6. Z: τ 7. θ: τ

练习题 6-2

1. (1) A: $\sim T^{\sim\gamma}$ 给定论证

   ∴ A: $\tau^{\sim\gamma}$ Ps($\tau^{\sim\gamma}$)

2. (1) Z: $\sim T^{\sim\gamma}$ 给定论证

   (2) θ: $\sim T^{\sim\gamma}$ Ps(θ)

   ∴ θ: $\tau^{\sim\gamma}$ Ps($\tau^{\sim\gamma}$)

练习题 6-3

1. (1) $\tau \subset \tau^\gamma, \tau^{\sim\gamma}$ Ps(τ_2)

   ∴ $\tau \subset \tau^c, \tau^p, \tau^{\sim\gamma}$ Ps(τ^γ)

2. (1) $\tau \subset \tau^\gamma, \tau^{\sim\gamma}$ Ps(τ_2)

   (2) $\tau \subset \tau^c, \tau^p, \tau^{\sim\gamma}$ Ps(τ^γ)

   (3) $\tau \subset T^c, \sim T^c, \tau^p, \tau^{\sim\gamma}$ Ps(τ^c)

   (4) $\tau \subset T^c, \sim T^c, T^p, \sim T^p, \tau^{\sim\gamma}$ Ps(τ^p)

   ∴ $\tau \subset T^c, \sim T^c, T^p, \sim T^p, T^{\sim\gamma}, \sim T^{\sim\gamma}$ Ps($\tau^{\sim\gamma}$)

练习题 6 – 4

(1) $\tau \subset \tau^\gamma$, $\tau^{\sim\gamma}$ Ps(τ_2)

(2) $\tau \subset T^c$, $\sim T^c$, T^p, $\sim T^p$, $\tau^{\sim\gamma}$ Th(τ^γ)

∴ $\tau \subset T^c$, $\sim T^c$, T^p, $\sim T^p$, $T^{\sim\gamma}$, $\sim T^{\sim\gamma}$ Ps(τ^p)

练习题 6 – 5

1.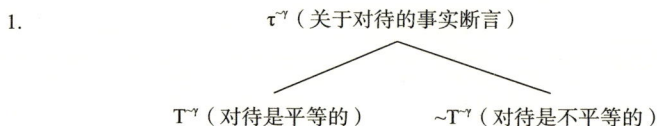

46

2.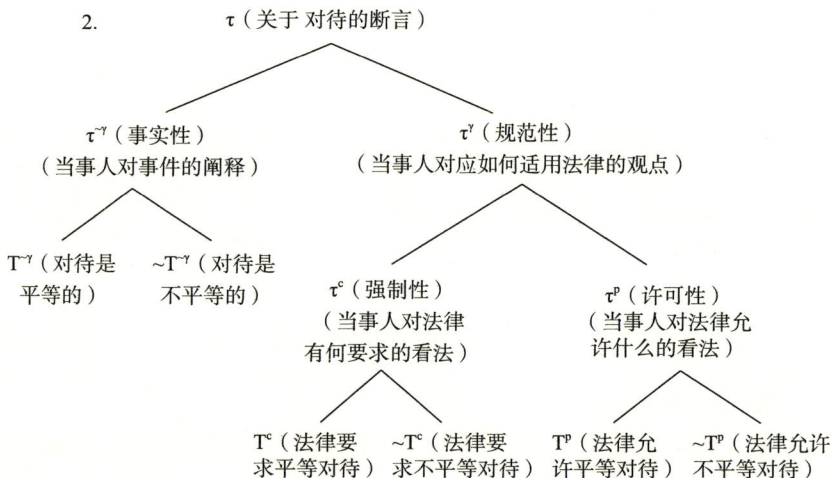

第 7 章　复合立场

在拓展了关于对待的事实断言与规范断言的符号形式以后，我
们现在可以记述包含两种断言类型的立场。

7.1　合取

在多萨德案中，起方的事实立场［A：~T$^{\sim\gamma}$］以及规范立场
［A：T^c］可以连接起来形成一个组合立场：

$\qquad$ A：~T$^{\sim\gamma}$·T^c　　"对待是不平等的，但是应当平等。"

复合立场 Z 可以以同样的方式予以陈述。Z 承认了对待在事实上
不平等［Z：~T$^{\sim\gamma}$］，同时断言这样的不平等是被允许的［Z：~T^p］，

$\qquad$ Z：~T$^{\sim\gamma}$·~T^p　　"对待是不平等的，并且该不平等对待是被
$\qquad\qquad\qquad\qquad\qquad\qquad$ 允许的。"

可以说一个组合了事实断言与规范断言的 θ 立场采取了**一般形
式**（general form or GF）：

$$\text{GF. } 7-1 \quad \theta：\tau^{\sim\gamma}·\tau^{\gamma}$$

我们现在可以通过精确的术语表述关于对待的立场 A 和 Z 之间
的不同。一种方式就是仅采用强制断言和非强制断言：

$$A: \sim T^{\sim\gamma} \cdot T^c \quad Z: \sim T^{\sim\gamma} \cdot T^{\sim c}$$

或者，我们也可以仅采用许可断言和非许可断言，这样当事人的分歧就得以呈现，进而聚焦于平等对待的规范性地位（normative status）。对于同样的解释，可以说明起方断言不平等对待是被禁止的，并且应方断言其是被允许的：

$$A: \sim T^{\sim\gamma} \cdot \sim T^{\sim p} \quad Z: \sim T^{\sim\gamma} \cdot \sim T^p$$

练习题 7-1

1. 从 $Z: \sim T^{\sim\gamma} \cdot \sim T^p$ 推导出 $\theta: \tau^{\sim\gamma} \cdot \tau^p$。

2. 从 $Z: T^{\sim\gamma} \cdot \sim T^p$ 推导出 $\theta: \tau^{\sim\gamma} \cdot \tau^\gamma$。

3. 从 $A: \sim T^{\sim\gamma} \cdot T^c$ 推导出 $\theta: \tau^{\sim\gamma} \cdot \tau^\gamma$。

7.2 可替公式

根据断言定位的概括性级别，有时关于对待是平等还是不平等的问题是纯语义层面的。这种观点可以通过欧洲人权法庭（European Court of Human Rights）审判的比利时语言案（Belgian Linguistic case）[1]得以说明。由于对该国佛罗明区（Flemish region）的公立学校强制推行荷兰语主导的教育体制表示不满，使用法语的起方提出了诉讼。该国六个区中有五个区被法律认定为以荷兰语为主，只有克赖内姆区（Kraainem region）维持着特殊

---

〔1〕 本案"涉及就比利时教育体系中语言使用相关法律的几个方面"，6 Eur. Ct. H. R. （ser. A）（1968）.

的法定地位。

　　起方宣称对方违背了《权利公约》的若干条款，其中两条与此处讨论相关。首先，起方认为其中存在对《第一议定书》第 2 条的违背，该条部分内容为："在行使其预设的任何教育教学相关职能时，国家应当尊重父母确保该项教育教学，与他们自己的宗教和哲学信念相适应。"法庭没有接受这样的观点，即该款内容要求国家必须遵循父母们的语言偏好。[2] 然而与我们的目的直接相关的是，起方进一步宣称在适用《第一议定书》第 2 条时，对方违背《公约》第 14 条阐明的非歧视性担保。[3] 法庭同样拒绝了这一观点 49（除非适用于克赖内姆区）。[4]

　　就非歧视性断言来说，起方的论证可通过两种方式予以表述：

　　（1）如果说法语和说荷兰语的学生基于语言而被认定为不同（还依据语言关联的文化感知和身份认同进行区分），那么起方诉求的，通过强制学生接受荷兰语的教育而对所有学生**平等**对待是歧视性的（discriminatory）。关于教学语言，这位讲法语的控诉者所探寻的**不**平等对待——不是从"低人一等"的对待层面上理解，而是从"并非同等"对待的意义上来说的。

　　（2）与之相比，如果讲法语的学生依据其以母语接受教育的兴趣，而被视为与讲荷兰语的学生类似，那么该宣称相当于就不平等对待的申诉：说荷兰语的学生以其母语接受教育，而说法语的学生则否。从这个角度来看，说法语者寻求的是平等

---

　　〔2〕　*Id.* at 31.

　　〔3〕　可以回忆一下，根据第 14 条，歧视性控诉只能依据"本公约阐明的权利和自由"而提出，也就是依据被《公约》的一些其他条款明确保护的实质利益而提出。参见 e. g.，Van Dijk and Van Hoof，1998：711 – 16.

　　〔4〕　6 Eur. Ct. H. R.（ser. A）at 42 – 44，49 – 51，60 – 61，85 – 87.

对待。

据此我们不能从抽象层面上断言，起方寻求平等对待［A：T^c］或者不平等对待［A：$\sim T^c$］。根据不同案件中对"平等对待"和"不平等对待"的理解，任何一个表达式都可能是恰当的。"对待"概念 τ 可通过两种实质相同，但形式不同的方式表达。我们将其标注为 τ_i 和 τ_{ii}。第一项公式（τ_i）可作为"教学语言"来表述，第二项公式（τ_{ii}）可作为"以母语进行教学"来表述。那么就 τ_i 来说，起方的事实立场是：

A_i：$T^{\sim\gamma}$ "对待是平等的（所有人都以同样的语言接受教育）。"

起方对应的规范立场是：

50   A_i：$\sim T^c$ "对待应当是不平等的（说法语者应当接受与说荷兰语者不同的教学语言）。"

因此复合立场 A_i 是：

A_i：$T^{\sim\gamma} \cdot \sim T^c$ "对待是平等的，但应该是不平等的。"

相反，就 τ_{ii} 来说，起方的事实立场是：

A_{ii}：$\sim T^{\sim\gamma}$ "对待是不平等的（说荷兰语者以他们的母语接受教育，而说法语者却并非如此）。"

与之相关联的规范立场是：

A_{ii}：T^c "对待应当是平等的（说法语者应当拥有同样的机会以其母语接受教育）。"

因此复合立场 A_{ii} 是：

$$A_{ii}: \sim T^{\sim \gamma} \cdot T^c \quad \text{"对待是不平等的，但应该是平等的。"}$$

就国家的断言来说，通过将荷兰语作为教学语言，使所有学生都接受了同样的教育，[5]因而不存在歧视。起方以立场 A_i 回应："是的，这里的对待虽然平等，但本案要求的却是区别对待——用法语给说法语者（French speakers）教学。"[6]就国家的断言来说，起方寻求的"特殊"对待权利，并非《公约》所要求的。[7]起方以立场 A_{ii} 回应："这里只有唯一探求的平等对待——两个教育群体应当拥有同样的、以他们的母语接受教育的平等机会。"[8]

国家作为起方的各个立场可以通过类似模式呈现。Z_i 表明国家对立场 A_i 的反驳。就 τ_i 来说，国家的事实断言即所有学生都受到平等对待（因而当事人就事实断言达成共识）：

$$Z_i: T^{\sim \gamma} \quad \text{"对待是平等的（所有学生都以同样的语言接受教育）。"}$$

国家对应的规范断言即所有学生受到平等对待是被允许的：

$$Z_i: T^p \quad \text{"平等的对待受到法律的许可（也就是对于说法语者和说荷兰语者接受同样的教学语言来讲）。"}$$

因此复合立场 Z_i 是：

$$Z_i: T^{\sim \gamma} \cdot T^p \quad \text{"对待是平等的，且这种平等是被允许的。"}$$

---

[5] *Id.* at 21, 58 – 59, 77 – 80.

[6] Cf. *id.* at 19 – 20, 22, 24, 57 – 58, 75 – 77.

[7] *Id.* at 20, 22 – 23, 24, 47 – 48, 66 – 68.

[8] Cf. *id.* at 19 – 20, 37, 46 – 47, 64 – 66.

就 τ_{ii} 来说，国家认同学生受到差别待遇这一事实断言：

$Z_{ii}: \sim T^{\sim\gamma}$ "对待是不平等的（说荷兰语者以母语接受教育，而说法语者则并非如此）。"

国家对应的规范断言即说法语者受到区别对待是被允许的：

$Z_{ii}: \sim T^{P}$ "法律允许不平等对待（说法语者无权以母语接受教育，因而不存在享受平等待遇的权利——说荷兰语者并非基于权利接受荷兰语教育，而是基于一种国家特权[9]）。"

因此复合立场 Z_{ii} 是：

$Z_{ii}: \sim T^{\sim\gamma} \cdot \sim T^{P}$ "对待是不平等的，且这种不平等是被允许的。"

在后文中为了便于采用本案（比利时语言案）形成的多种立场，这里将通过 BL_i 和 BL_{ii} 予以表示。为了便于适用相关当事人的立场，这里将通过 $BL\ A$ 和 $BL\ Z$，继而必然以 $BL\ A_i$，$BL\ A_{ii}$，$BL\ Z_i$ 或 $BL\ Z_{ii}$ 予以表示。

52   **7.3 违背**

起方的最终目的是想证成一些非歧视性规范已被违背（或者被违反——后文将基于可交换性原则使用"违背"与"违反"这两个术语）。类似地，应方立场的目的是证成非歧视性规范**没有被违**

---

[9] *Id*, at 42.

反。认为一些非歧视性规范已被违反的断言将通过字母 B 进行标识；认为这些规范未被违反的断言则通过字母 ~B 进行标识。需要在一般层面讨论违背或者没有违背的断言时，在不进一步说明 B 和 ~B 的情况下，字母 β（beta）将被采用：

$$Ps（β）\quad β⊂B，~B$$

例如在多萨德案中，起方关于对待的断言就可以作为**前提**来说明**结论**即平等保护条款（Equal Protection clause）已被违反。我们将使用双箭头（⇒）来代表论证的前提与结论之间的关系：

$$A：~T^{~γ}·T^{c}⇒B$$

应方回应起方的确受到不平等对待，并且这种对待是被允许的，因此不存在违反规则的情况：

$$Z：~T^{~γ}·~T^{p}⇒~B$$

练习题 7–2

就比利时语言案，写出关于违背或者没有违背非歧视性规范的论证。

1. 立场 A_i
2. 立场 Z_i
3. 立场 A_{ii}
4. 立场 Z_{ii}

我们可以进一步适用一系列**一般对待公式**（general treatment formula），来表述连同对待断言被宣称的法律结果：

关于对待的一般性公式   53

$A：~T^{~γ}·T^{c}⇒B$ $Z：~T^{~γ}·~T^{p}⇒~B$

$A：T^{~γ}·~T^{c}⇒B$ $Z：T^{~γ}·T^{p}⇒~B$

在更抽象的程度上，我们可以说所有歧视性纠纷中的论证遵循该一般形式：

$$\theta: \tau^{\sim\gamma} \cdot \tau^{\gamma} \Rightarrow \beta$$

当然上述公式仍然只是提供了歧视性论证的初步框架。在更加详尽地考察 A 和 Z 立场的前提之后，我们可能要到研究的最后阶段才重新讨论"违背"概念。

练习题答案

练习题 7-1

1. (1) $Z: \sim T^{\sim\gamma} \cdot \sim T^{p}$ 给定论证

   (2) $\theta: \sim T^{\sim\gamma} \cdot \sim T^{p}$ $Ps(\theta)$

   (3) $\theta: \tau^{\sim\gamma} \cdot \sim T^{p}$ $Ps(\tau^{\sim\gamma})$

   $\therefore \theta: \tau^{\sim\gamma} \cdot \tau^{p}$ $Ps(\tau^{p})$

2. (1) $Z: T^{\sim\gamma} \cdot \sim T^{p}$ 给定论证

   (2) $\theta: \sim T^{\sim\gamma} \cdot \sim T^{p}$ $Ps(\theta)$

   (3) $\theta: \tau^{\sim\gamma} \cdot \sim T^{p}$ $Ps(\tau^{\sim\gamma})$

   $\therefore \theta: \tau^{\sim\gamma} \cdot \tau^{\gamma}$ $Th(\tau^{\gamma})$

3. (1) $A: \sim T^{\sim\gamma} \cdot T^{c}$ 给定论证

   (2) $\theta: \sim T^{\sim\gamma} \cdot T^{c}$ $Ps(\theta)$

   (3) $\theta: \tau^{\sim\gamma} \cdot T^{c}$ $Ps(\tau^{\sim\gamma})$

   $\therefore \theta: \tau^{\sim\gamma} \cdot \tau^{\gamma}$ $Th(\tau^{\gamma})$

练习题 7-2

1. $A_{i}: T^{\sim\gamma} \cdot \sim T^{c} \Rightarrow B$ 2. $Z_{i}: T^{\sim\gamma} \cdot T^{p} \Rightarrow \sim B$

3. $A_{ii}: \sim T^{\sim\gamma} \cdot T^{c} \Rightarrow B$ 4. $Z_{ii}: \sim T^{\sim\gamma} \cdot \sim T^{p} \Rightarrow \sim B$

第二部分　客观状态

第 *8* 章 事实立场的改进版

只有在可归因于一些个体的，我们将称之为**客观状态**（objective status）要素关联的歧视性话语中，关于平等或者不平等对待的断言才是有意义的。常见的例子包括人种、种族、宗教信仰、语言、性别、性取向、年龄或者残疾等，但这里还有诸多其他的可能性。在本章中，我们将看到每一客观状态代表若干由至少两项**子集**（subset）构成的元素**集**（set）。歧视性纠纷关涉不同子集之间相互比较的对待行为。

8.1 集和子集

关于客观状态的论证是关于特定社会阶层中成员的需要、优点、兴趣或者能力的论证，而不对特定成员保有个人化的关注。在**多萨德案**中，阿拉巴马州关于女性完成必需职业任务在能力上存在不足的断言，并非基于对罗林森女士能力的任何歧视，而是基于安全性要求很高且为男子监狱（all-male prison）的特定情境下，他们就女性普遍层面上（in general）是否具备相关能力的看法。在**比利时语言案**中，该国就说法语学生利益的评价，并非基于任一特定学生的处境，而是基于普遍层面上讲法语学生的利益。据此我们可以更加精准地将歧视性宣称界定为一种关于若干客观状态的对

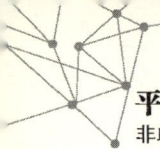

待的断言。[1]

一种客观状态可被理解为划分为多种相关**子集**的元素**集**。多萨德案中关于性别的客观状态预设了一种以上的相关性别:"性别"集包含相关子集"男性"和"女性"。比利时语言案中语言的客观状态预设了一种以上的相关语言:"语言"集包含相关子集"荷兰语"和"法语"(更好的说法是,"语言群体"集包含相关子集"说荷兰语者"和"说法语者")。歧视性断言预设了一种子集相对另一种受到了重视或者偏袒。[2]

58　　客观状态的外延并不限于常见的集,例如人种、种族、宗教信仰、语言或者性别等。与一种客观状态认定相关的集和子集可以诉诸无数种选择。[3]那些并非约定俗成客观状态的存在,不会损毁其实质性价值。比如依据德国宪法的第 3 条第 1 款,通过平等保护权利(*Gleichheitssatz*)的行使,以达到覆盖多样但并非相似类型的目的。[4]一个有趣的例子是发生在 1996 年由宪法法院裁决的案件(下文称其为**荷兰抚恤金领取人案**)。[5]一个出生于荷兰并保有荷兰

---

〔1〕　然而,这并非是一种最终的属性认定。Cf. chs. 11 – 13 *infra.*

〔2〕　歧视性纠纷中不可避免的阶层之间比较性的存在,参见 e. g. , Banton, 1999: 110 – 15. 有人认为基于妊娠的歧视与其他歧视不同,因为前者并不会预设任何比较对象。如果比较对象只是从约定俗成的类目中得出选择,这当然能够得到认同。由于无法妊娠的女性也被预设为可受优待,那么"男性"的子集就相对处于劣势。然而,正如本部分即将讨论的那样,比较对象不会只从约定俗成的类目中得出。比如在一些案例中,恰当的分类可以是"怀孕的人"和"没有怀孕的人"。这里必须承认,这种区分并没有像"男性"和"女性"类目那样鲜明地表达性别要素的意义,但其绝对没有排除掉性别要素,因为"妊娠"类目本身有史以来都承载着基于"女性"概念的男性至上主义。一般可参见 Townshend-Smith, 1998: ch. 7; Zimmer *et al.* , 1997: 594 – 627.

〔3〕　二战后起草的国际法律文书中的相关非歧视性条款,通常包括关于并未明确署名的类型化表达。参见 e. g. , the "other status" clause of ECHR art. 14. Cf. van Dijk and van Hoof, 1998: 730.

〔4〕　Bleckmann, 1997: 644 – 45.

〔5〕　95 BVerfGE 143 (1996).

公民身份的人，从 1958 年到 1968 年期间一直居住和工作在西德
（West Germany）。1969 年，他搬到东德，并在此地一直工作至
1985 年，即达到 65 岁退休年龄。他在东德继续居住直到德国统一。
为了统一退休金制度，德国在统一之后完善了立法。然而根据新的
法规，由于起方已经在该法实行之前退休，他就无法依据新法受
益。相反，由于受到既往法律的制约，那些即便在西德工作过，但
在达到退休年龄时的主要居住地是东德的人，被剥夺了提升退休金
的权利。[6]

　　起方提出诉讼的基础不仅仅是外国国籍——像种族、性别或者
宗教信仰那样作为歧视性法律的普通类型。如果他的诉求是针对外
国人和德国人之间的歧视现象，上述类型可能作为主要诉讼前提。
然而，该项控诉的基础与此不同，因为既往法规对于德国人是平等
适用的——亦即曾在西德工作过，后来移居东德的德国人。相关的
类型因而从更加狭义的角度得以类型化。起方指出相对于其他曾在
西德工作的外国人而言，他受到不平等对待。这些外国人包括后来
移居到东德以外的其他国家的人，以及仍有资格领取退休金的人。
换句话说，起方预想了"外籍工作者"的客观状态，其中包含了
"移居到东德的外籍工作者"的子集，与之相对的就是受到优待的
子集"没有移居到东德的外籍工作者"。[7]

　　我们也可以关注一些其他案例。1964 年，美国通过联邦立法，
规定食品券（政府发给或以低价卖给低收入者以维持最低生活标
准）会发放给贫困的人，但对于"包含与所有其他家庭成员无亲属 59

---

〔6〕 *Id.* at 148.
〔7〕 *Id.* at 149.

关系个体的住户"，[8]本法不支持他们据此规定受益的权利。依据该法，许多本可以据此受益的贫困人口被剥夺了分享食品券的权利。美国最高法院在**美国农业部诉莫雷诺案**（United States Dept. of Agriculture v. Moreno）[9]中，对此规定进行了核查。起方指出针对特定权利的法定排除，使相关公民无法得到平等保护。在给定集"家庭"中，本法更倾向于保护子集"家庭成员之间具有亲属关系"，而轻视了子集"包含一个或者多个与其他家庭成员无亲属关系的个体"。[10]

与此类似，在**阿勒格尼匹兹堡煤矿诉县委员会案**（Allegheny Pittsburgh Coal Co. v. County Commission）[11]中，法庭审理了一位土地业权人提出的控诉，即她的财产不公平地承受了（相对于其他通常可供比较土地的）更高比例的赋税。这种区别形成于她的土地多次被以最新购买价格评估的时候。而当时未被交易土地的评估价一直没有变化，因此就无法反映出最新市场价值。在给定集"不动产"中，起方预想了"近期购置财产"的子集，并且此种财产相对于"近期未被购置财产"的子集，受到了不公平的差别对待。[12]

8.2 术语

在多萨德案中——同样可参考**已做必要修正**（mutatis mutandis）的荷兰抚恤金领取人案、莫雷诺案和匹兹堡煤矿案——起方

---

〔8〕 1964 年修订的《食品券法案》（Food Stamp Act of 1964, as amended），7 U. S. C. § 2012（e）（1964）.

〔9〕 413 U. S. 528（1973）.

〔10〕 *Id.* at 529（1973）.

〔11〕 488 U. S. 336（1989）.

〔12〕 关于纯粹的管理分类问题，可参见 14.5 部分及以后的内容。

的论证 ［A：～T˜ʸ·Tᶜ］ 预设了，在"性别"集当中，就相关类型待遇来说，子集"男性"相对于子集"女性"来说受到了优待。类似地，在**比利时语言案**中，起方的论证预设了相对于子集"说法语者"来讲，"说荷兰语者"受到了优待。

我们可以更精确地表述这些观点。起方在多萨德案中的立场 A、荷兰抚恤金领取人案中的立场 A、莫雷诺案中的立场 A、匹兹堡煤矿案中的立场 A 以及 *BL* A$_{ii}$（我们将简要考察 *BL* A$_i$）断言：

（a）尽管客观状态是平等的，但存在不平等对待情形；并且

（b）基于客观状态的平等性，应当予以平等的对待。

"客观状态的平等"和"客观状态的不平等"的表达在这里有一些繁琐。我们将尽可能使用更短的措辞，即"平等的客观状态"和"不平等的客观状态"，或者用更加简短的"客观平等"和"客观不平等"代替。断言（a）和（b）因而就可以更加精练地表达：

60

（a′）尽管存在客观平等，但存在不平等对待；并且

（b′）基于客观平等，应当予以平等对待。

8.3　记号

符号 O 可用来表示关于客观平等的断言；符号 ～O 则代表客观不平等的断言。这里将使用希腊字母 o（omicron）代表在需要表述一般的客观状态时，不对其代表客观平等（O）或者不平等（～O）的逻辑值予以特定化的情形，因此：

$$Ps（o）\quad o⊂O，～O$$

多萨德案中起方的事实立场 ［A：～T˜ʸ］ ——正如在荷兰抚恤

金领取人案、莫雷诺案和匹兹堡煤矿案中的那样——断言尽管有平等客观状态 [A：O]，但存在事实上不平等对待的情形：

A：~T^{~γ}·O　　"对待是不平等的，尽管有客观平等。"

同时，Z 的立场断言基于客观不平等，而存在不平等对待情形 [Z：~T^{~γ}]：[13]

Z：~T^{~γ}·~O　　"基于客观不平等，对待是不平等的。"

此外，断言可替换的形式化表达，无需蕴含断言内部实质内容的矛盾。在比利时语言案中，基于相应对待的形式化表达，起方同时宣称了客观不平等性与客观平等性。o 中相应的两项逻辑值（o_i，o_{ii}）与 τ 对应逻辑值（$τ_i$，$τ_{ii}$）相关联，因而对于 *BL* A_i [A_i：T^{~γ}]，o_i 代表客观不平等的断言 [A：~O]：

A_i：T^{~γ}·~O　　"对待是平等的（所有学生都以同一种语言接受教育），尽管存在说法语者和说荷兰语者在客观上的不平等性。"

对于 *BL* A_{ii} [A_{ii}：~T^{~γ}]，o_{ii} 代表客观平等性断言 [A：O]：

A_{ii}：~T^{~γ}·O　　"对待是不平等的（说荷兰语者以他们的母语接受教育，但说法语者却并非如此），**尽管说法语者和说荷兰语者存在客观的平等**。"

对于 *BL* Z_i [Z_i：T^{~γ}]，o_i 代表客观平等性断言 [Z：O]：

Z_i：T^{~γ}·O　　"对待是平等的（所有人都以同一种语言接受教育），**基于说法语者和说荷兰语者**

〔13〕 有关惯用语"尽管"和"基于"的作用，回顾 1.6 部分注释 10 以及后面的内容。

的客观平等性 。"

而对于 $BL\ Z_{ii}$ [Z_{ii}：~$T^{\sim\gamma}$]，o_{ii}代表客观不平等断言 [A：~O]：

Z_{ii}：~$T^{\sim\gamma}$・~O　"对待是不平等的（说荷兰语者以他们的母语接受教育，但说法语者却并非如此），**基于有关此类教学的，说荷兰语者和说法语者之间的客观不平等。**"

按照上述更为精准的公式，有关事实立场更为一般的形式可以表述为：

$$GF.8-1\quad \theta：\tau^{\sim\gamma}・o$$

回顾练习题 6-5 中事实立场的树形图、问题 1 以及纳入问题 1 的问题 2 中更大的型式，我们现在可以将作为对待的事实断言有机组成部分的、关于客观状态的断言包括进来：

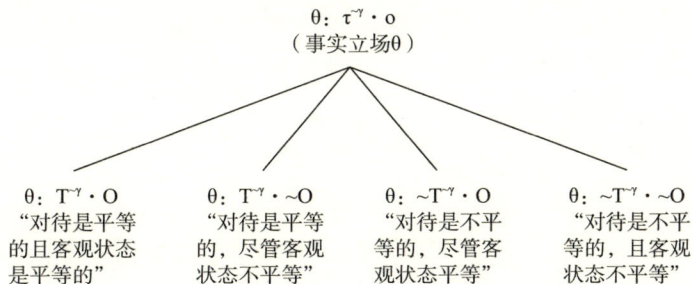

$\theta：\tau^{\sim\gamma}・o$
（事实立场θ）

$\theta：T^\gamma・O$	$\theta：T^\gamma・\sim O$	$\theta：\sim T^\gamma・O$	$\theta：\sim T^\gamma・\sim O$
"对待是平等的且客观状态是平等的"	"对待是平等的，尽管客观状态不平等"	"对待是不平等的，尽管客观状态平等"	"对待是不平等的，且客观状态不平等"

练习题 8-1 62

1. 从 A：~$T^{\sim\gamma}$・O 推导出 θ：$\tau^{\sim\gamma}$・o。

2. 从 Z：~$T^{\sim\gamma}$・~O 推导出 θ：$\tau^{\sim\gamma}$・o。

练习题答案

练习题 8 - 1

1. (1) $A: \sim T^{\sim \gamma} \cdot O$ 给定论证

   (2) $\theta: \sim T^{\sim \gamma} \cdot O$ $Ps(\theta)$

   (3) $\theta: \tau^{\sim \gamma} \cdot O$ $Ps(\tau^{\sim \gamma})$

   $\therefore \ \theta: \tau^{\sim \gamma} \cdot o$ $Ps(o)$

2. (1) $Z: \sim T^{\sim \gamma} \cdot \sim O$ 给定论证

   (2) $\theta: \sim T^{\sim \gamma} \cdot \sim O$ $Ps(\theta)$

   (3) $\theta: \tau^{\sim \gamma} \cdot \sim O$ $Ps(\tau^{\sim \gamma})$

   $\therefore \ \theta: \tau^{\sim \gamma} \cdot o$ $Ps(o)$

第 **9** 章 规范立场的改进版

在本章，客观状态的断言被纳入涉及对待的规范论证当中。

9.1 条件关系

多萨德案中起方的规范立场和 BL_{ii} 对强制性平等对待的断言 [A：T^e]，都建立在平等客观状态的基础上 [A：O]。也就是说，起方断言客观平等性为强制性平等对待提供了**充分条件**（sufficient condition）："如果客观状态是平等的，那么对待也应当平等。"我们因此可以用更为精准的规范性公式 A：O→T^e 替换规范性公式 A：T^e。我们将尽可能采用更为简洁和紧凑的说法，即"平等客观状态要求平等对待"，或者更简略的说法："客观平等要求对待平等"（参见图 9-1）。

当事人通常会要求论证无需断言**所有方面的**（for all purpose）客观平等性（男性和女性之间，或者语言群体之间，或者外国工作者永久居住地之间，或者家庭类型之间，或者不动产购置的不同时间等），而仅仅关注与纠纷相关的对待即可：多萨德案的起方无需论证男性和女性在所有方面相同，而只需要关注在遵循高度安全标准的监狱中承担狱警职责的能力；比利时语言案的起方无需论证说法语者和说荷兰语者在所有方面相同，而只需要关注与教学语言相关的教育需求和利益。

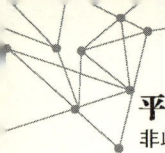

初看上去，采取 A：O→T^{c}形式的命题可能会引发质疑，因为其似乎引发了由来已久的问题，即从事实推导出价值——从"是"推导出了"应当"。然而这里必须明确的一点是，我们并非在评估上述公式的真值、有效性或说服力本身，而只是在尝试明确其结构。法律规则以及与之相关的论证，如果没有从事实导出价值的思维进路将是难以想象的："对方**违反了**协议，因此玛丽应获得赔偿"；"约翰的确持有不动产权属证书，因此他**应当**具备占有这片土地的资格"。

多萨德案的 Z 立场和 BL_{ii}［Z：～T^p］回应道，如果客观状态不平等，那么施行或者容忍不平等对待就应当是被允许的：客观不平等（～O）为被允许的不平等对待（～T^p）提供了充分条件（→），因而 Z：～O→～T^p。另一种说法（这里将两种说法视为同义关系）是，如果客观状态不平等，那么不平等对待就被**证成**（justified）；或者更准确地说，"客观不平等证成了不平等对待"。

64　　总而言之，针对公式 θ：o→τ^{γ}的论证可用两种方式予以表述：

（a）公式 o→τ^{c}论证读为：o **要求** τ。因而 O→T^{c}可读为："客观平等要求平等对待"；～O→～T^{c}可读为："客观不平等要求不平等对待"。[1]

（b）公式 o→τ^{p}论证读为：o **证成** τ。因而 O→T^{p}可读为："客观平等证成平等对待"；而 ～O→～T^{p}可读为："客观不平等证

---

〔1〕 理论上，o→τ^c 的一般形式也容许和认同断言 ～O→T^c 或者 O→～T^c。然而这类断言在实践中会出现荒谬性问题。例如就公式 ～O→T^c 来说，并没有这样的纠纷，即任一当事人就某种情形断言这种客观的不平等要求平等对待。当然在很多案例中，论者可能辩称**尽管**存在客观的不平等，也应当坚持平等的对待。例如，少数宗教群体可能极其希望坚守这样的判断，即他们的宗教与其他宗教不同，并在同等程度上是不平等的。然而如果他们断言某些对待形式（比如受教育和就业机会）应当平等，也是限于特定客观平等性范围以内，例如，**即使**有上述差异，但仍然存在教育或就业中平等的需求或者能力，亦即 O→T^c。

成不平等对待"。[2]

9.2　规范立场型式　　　　　　　　　　　65

在 o→τ$^\gamma$ 中的符号 O 和 ~O 本身并没有被标识 γ 所修正，就像其在事实断言中所意指的那样（"X's 等同于 Y's"；"X's 不等于 Y's"）。规范断言中 o 所包含逻辑值的意义与其在相关联的事实断言中的意义相同。没有必要通过标识来说明其是规范性或是事实性的，因为它一直为（形式上的）事实断言，并且构成公式 θ：τ$^{\tilde{}\gamma}$ · o 的组成部分。在规范断言中，它构成公式 θ：o→τ$^\gamma$ 的组成部分。对于多萨德案、荷兰抚恤金领取人案、莫雷诺案和匹兹堡煤矿案或者 BL_{ii} 来说，A 的规范断言 ［A：T^c］ 就可以表述为：

A：O→T^c　　"客观平等要求平等对待。"

类似地，就公式 O→ ~T^c 来说，并没有这样的纠纷，即任一当事人就某种情形断言这种平等的客观状态要求不平等对待。当然在诸多情形下，论者可能辩称尽管有客观平等性，但对待应当是**不平等**的，比如上例中指出的少数宗教群体成员，可能强调其某一方面特殊待遇——不平等层面上的意义——的要求，尽管在其他方面应得到平等待遇。然而此种论证假定特殊待遇是建立在特定客观差异基础上的，或者建立在一种客观不平等基础上，例如迥异的膳食习惯或者教育禁令等。那么，~O→T^c 和 O→ ~T^c 在理论上就是可能的，而现实中则不会出现此种情形。我们据此可以假定 o→τ^c 一直采取 O→T^c 或者 ~O→ ~T^c 两种形式（参见图 9 - 1）。

[2]　此外，理论上，o→τ^p 的一般形式也容许和认同断言 O→ ~T^p 或者 ~O→T^p。然而在现实的歧视性纠纷中，当事人通常不会做出这样的论辩。就公式 O→ ~T^p 来说，正如没有当事人断言平等客观状态**要求**不平等对待（O→ ~T^c），同样没有当事人会断言平等客观状态**证成**不平等对待。不平等对待被认为需要在一些相关的不平等状态下才得以证成，尽管仍然存在**除此之外**的，特定对待形式相关的其他平等状态。类似地，就公式 ~O→T^p 来说，正如当事人不会断言此类不平等客观状态要求平等对待（~O→T^c），同样没有当事人会断言此类不平等客观状态**证成**平等对待。平等对待被认为需要在一些相关的平等状态下才得以证成，尽管仍然存在**除此之外**的，特定对待形式相关的其他不平等状态。我们据此可以假定 o→τ^p 一直采取 O→T^p 或者 ~O→ ~T^p 两种形式（参见图 9 - 1）。

Z 的规范立场 ［Z：～Tᵖ］则变成：

Z：～O→～Tᵖ   "客观不平等证成不平等对待。"

相反，对于 *BL* Aᵢ ［Aᵢ：～Tᶜ］来说：

Aᵢ：～O→～Tᶜ   "客观不平等要求不平等对待。"

那么 *BL* Zᵢ ［Zᵢ：Tᵖ］则变成：

Zᵢ：O→Tᵖ   "客观平等证成平等对待。"

那么抽象公式 θ：τ$^\gamma$可以改进为更加准确的规范立场一般形式：

$$\text{GF.} 9-1 \quad \theta：o \to \tau^\gamma$$

图 9－1 更新了图 4－1 当中规范性的、右侧分支的立场 θ（还可参考练习题 6－5 中的第二题）。

练习题 9－1

1. 从 A：O→Tᶜ 推导出 θ：o→τ$^\gamma$。

2. 从 Z：～O→～Tᵖ 推导出 θ：o→τ$^\gamma$。

3. 从 Z：O→Tᵖ 推导出 θ：o→τ$^\gamma$。

66

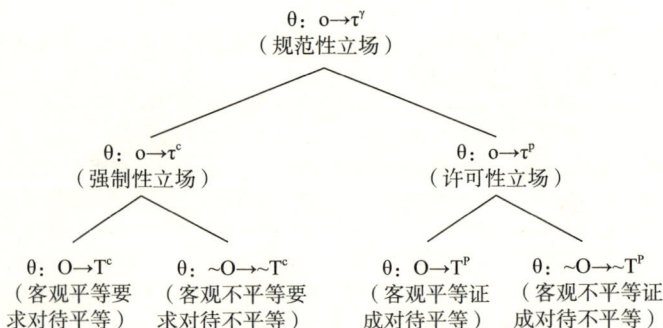

图 9－1

练习题答案

练习题 9–1

1. (1) A：O→T^c 给定论证
   (2) θ：O→T^c Ps(θ)
   (3) θ：o→T^c Ps(o)
   ∴ θ：o→τ$^\gamma$ Th(τ$^\gamma$)

2. (1) Z：~O→ ~T^p 给定论证
   (2) θ：~O→ ~T^p Ps(θ)
   (3) θ：o→ ~T^p Ps(o)
   ∴ θ：o→τ$^\gamma$ Th(τ$^\gamma$)

3. (1) A：O→T^p 给定论证
   (2) θ：O→T^p Ps(θ)
   (3) θ：o→T^p Ps(o)
   ∴ θ：o→τ$^\gamma$ Th(τ$^\gamma$)

第 *10* 章 复合立场的改进版

在本章，关于对待的事实主张和规范主张与客观状态被合并起来探讨，从而形成更完善的复合立场。

10.1 一般改进形式

就多萨德案、荷兰抚恤金领取人案、莫雷诺案、匹兹堡煤矿案以及 BL_{ii} 来说，通过整合改进的事实部分 $[A: \sim T^{\sim \gamma} \cdot O]$ 和改进的规范部分 $[A: O \to T^c]$，我们可以改进起方先前的复合立场 $[A: \sim T^{\sim \gamma} \cdot T^c]$：

$$A: (\sim T^{\sim \gamma} \cdot O) \cdot (O \to T^c)$$

可以看到这里 O 出现了两次，并且都意指客观平等的断言，而这并不会造成重复冗余。规范立场是条件性的，其断言**如果客观状态平等**，那么对待必须平等。事实立场通过断言该项条件的满足来补足相关元素，亦即客观状态**的确是**平等的。类似地，Z 的立场 $[Z: \sim T^{\sim \gamma} \cdot \sim T^p]$ 可通过整合事实立场 $[Z: \sim T^{\sim \gamma} \cdot \sim O]$ 和规范立场 $[Z: \sim O \to \sim T^p]$ 而得以改进：

$$Z: (\sim T^{\sim \gamma} \cdot \sim O) \cdot (\sim O \to \sim T^p)$$

BL A$_i$ ［A$_i$：T$^{˜γ}$・~T^c］可以改进为：

$$A_i:（T^{˜γ}・~O）・（~O→~T^c）$$

BL Z$_i$ ［Z$_i$：T$^{˜γ}$・T^p］可以改进为：

$$Z_i:（T^{˜γ}・O）・（O→T^p）$$

因此通过立场 θ 可得出改进的一般形式复合立场：

$$GF.\,10-1\quad θ:（τ^{˜γ}・o）・（o→τ^γ）$$

练习题10-1

从下列论证中推导出一般立场：

θ:（τ$^{˜γ}$・o）・（o→τ^γ）

示例：A:（~T$^{˜γ}$・O）（O→T^c）

(1) A:（~T$^{˜γ}$・O）（O→T^c）　　　给定论证

(2) θ:（~T$^{˜γ}$・O）（O→T^c）　　　Ps(θ)

(3) θ:（τ$^{˜γ}$・O）（O→T^c）　　　Ps(τ$^{˜γ}$)

(4) θ:（τ$^{˜γ}$・o）（o→T^c）　　　Ps(o)

∴ θ:（τ$^{˜γ}$・o）（o→τ^γ）　　　Th(τ^γ)

1. Z:（T$^{˜γ}$・O）（O→T^c）

2. A:（T$^{˜γ}$・~O）（~O→~T^c）

3. Z:（~T$^{˜γ}$・~O）（~O→~T^p）

4. Z:（T$^{˜γ}$・~O）（O→T^p）

10.2　复合立场和三段论形式

让我们更进一步探讨复合立场中事实和规范部分之间的关系。

规范立场再次断言**如果客观状态平等，那么对待应当平等**。事实立场通过确认客观状态的确是平等的，从而补足了该断言。事实部分和规范部分的关系因而就可以通过垂直三段论形式代表。我们看到事实前提 O 与规范性前提 O→T^c 的合并，推出规范结论 T^c：

A 的规范前提	A：O→T^c	如果客观状态是平等的，那么对待应当平等
A 的事实前提	A：O	客观状态是平等的
A 的规范结论	A：T^c	对待应当是平等的

图 10 - 1

69 **练习题 10 - 2**

通过垂直形式为练习题 10 - 1 中的每一道题建构三段论模式，从而呈现出当事人的规范结论。

示例：θ：(~T$^{~γ}$ · O) · (O→T^c)

答案：

规范前提　　θ：O→T^c

事实前提　　θ：O

规范结论　　θ：T^c

尽管关于对待的事实断言（ ~T$^{~γ}$）没有出现在图 10 - 1 中，但其却可以基于完整性考量而被纳入，从而提供一个关于起方立场更加精确的图景。这种断言作为一种非必要前提，其扮演的角色在某种程度上具有被动性。然而，考虑到该事实断言提供了标识起方关于对待的事实断言与规范断言的区别的途径，因而又是值得考量的：

A 的事实前提	$A: \sim T^{\sim\gamma}$	对待是不平等的
A 的规范前提	$A: O \rightarrow T^c$	**如果**客观状态平等，**那么**对待应当平等。
A 的事实前提	$A: O$	客观状态是平等的

A 的规范结论	$A: T^c$	对待应当是平等的

起方在推算过程中的三个前提可以合并起来形成一个复合前提：

A 的事实前提和规范前提	$A: \sim T^{\sim\gamma} \cdot (O \rightarrow T^c) \cdot O$

A 的规范结论	$A: T^c$

通过对前提要素的分组可对上述内容进行梳理，从而更明晰地将事实性要素从规范性部分中区分出来：

A 的事实前提和规范前提	$A: (\sim T^{\sim\gamma} \cdot O) \cdot (O \rightarrow T^c)$

70

A 的规范结论	$A: T^c$

如果将结论上面的横线用某种符号将前提和结论分开，就可以省略掉垂直符号形式。我们已经看到通过双箭头（$\Rightarrow$）可以达到此项目的：

$$A: [(O \cdot \sim T^{\sim\gamma}) \cdot (O \rightarrow T^c)] \Rightarrow T^c$$

练习题10-3

对于练习题 10-1 中的每道题，以横向模式建构三段论推理，包括呈现当事人规范立场的完整复合立场。

示例：θ：$(\sim T^{\tilde{}\gamma} \cdot O) \cdot (O \rightarrow T^c)$

答案：θ：$[(\sim T^{\tilde{}\gamma} \cdot O) \cdot (O \rightarrow T^c)] \Rightarrow T^c$

练习题答案

练习题 10 – 1

1. (1) Z：$(T^{\tilde{}\gamma} \cdot O) \cdot (O \rightarrow T^c)$ 　　　　给定论证
   (2) θ：$(T^{\tilde{}\gamma} \cdot O) \cdot (O \rightarrow T^c)$ 　　　　Ps(θ)
   (3) θ：$(\tau^{\tilde{}\gamma} \cdot O) \cdot (O \rightarrow T^c)$ 　　　　Ps($\tau^{\tilde{}\gamma}$)
   (4) θ：$(\tau^{\tilde{}\gamma} \cdot o) \cdot (o \rightarrow T^c)$ 　　　　Ps(o)
   ∴ θ：$(\tau^{\tilde{}\gamma} \cdot o) \cdot (o \rightarrow \tau^\gamma)$ 　　　　Th(τ^γ)

2. (1) A：$(T^{\tilde{}\gamma} \cdot \sim O) \cdot (\sim O \rightarrow \sim T^c)$ 　　　　给定论证
   (2) θ：$(T^{\tilde{}\gamma} \cdot \sim O) \cdot (\sim O \rightarrow \sim T^c)$ 　　　　Ps(θ)
   (3) θ：$(\tau^{\tilde{}\gamma} \cdot \sim O) \cdot (\sim O \rightarrow \sim T^c)$ 　　　　Ps($\tau^{\tilde{}\gamma}$)
   (4) θ：$(\tau^{\tilde{}\gamma} \cdot o) \cdot (o \rightarrow \sim T^c)$ 　　　　Ps(o)
   ∴ θ：$(\tau^{\tilde{}\gamma} \cdot o) \cdot (o \rightarrow \tau^\gamma)$ 　　　　Th(τ^γ)

3. (1) Z：$(\sim T^{\tilde{}\gamma} \cdot \sim O) \cdot (\sim O \rightarrow \sim T^p)$ 　　　　给定论证
   (2) θ：$(\sim T^{\tilde{}\gamma} \cdot \sim O) \cdot (\sim O \rightarrow \sim T^p)$ 　　　　Ps(θ)
   (3) θ：$(\tau^{\tilde{}\gamma} \cdot \sim O) \cdot (\sim O \rightarrow \sim T^p)$ 　　　　Ps($\tau^{\tilde{}\gamma}$)
   (4) θ：$(\tau^{\tilde{}\gamma} \cdot o) \cdot (o \rightarrow \sim T^p)$ 　　　　Ps(o)
   ∴ θ：$(\tau^{\tilde{}\gamma} \cdot o) \cdot (o \rightarrow \tau^\gamma)$ 　　　　Th(τ^γ)

4. (1) Z：$(T^{\tilde{}\gamma} \cdot O) \cdot (O \rightarrow T^p)$ 　　　　给定论证
   (2) θ：$(T^{\tilde{}\gamma} \cdot O) \cdot (O \rightarrow T^p)$ 　　　　Ps(θ)
   (3) θ：$(\tau^{\tilde{}\gamma} \cdot O) \cdot (O \rightarrow T^p)$ 　　　　Ps($\tau^{\tilde{}\gamma}$)
   (4) θ：$(\tau^{\tilde{}\gamma} \cdot o) \cdot (o \rightarrow T^p)$ 　　　　Ps(o)

71

$$\therefore \quad \theta : (\tau^{\sim\gamma} \cdot o) \cdot (o \to \tau^{\gamma}) \qquad\qquad\qquad Th(\tau^{\gamma})$$

练习题 10 – 2

1. 规范性前提　　　　$Z : O \to T^c$

　　事实性前提　　　　$Z : O$

　　规范性结论　　　　$Z : T^c$

2. 规范性前提　　　　$A : \sim O \to \sim T^c$

　　事实性前提　　　　$A : \sim O$

　　规范性结论　　　　$A : \sim T^c$

3. 规范性前提　　　　$Z : \sim O \to \sim T^p$

　　事实性前提　　　　$Z : \sim O$

　　规范性结论　　　　$Z : \sim T^p$

4. 规范性前提　　　　$Z : O \to T^p$

　　事实性前提　　　　$Z : O$

　　规范性结论　　　　$Z : T^p$

72

练习题 10 – 3

1. $Z : [(T^{\sim\gamma} \cdot O) \cdot (O \to T^c)] \Rightarrow T^c$

2. $A : [(T^{\sim\gamma} \cdot \sim O) \cdot (\sim O \to \sim T^c)] \Rightarrow \sim T^c$

3. $Z : [(\sim T^{\sim\gamma} \cdot \sim O) \cdot (\sim O \to \sim T^p)] \Rightarrow \sim T^p$

4. $Z : [(T^{\sim\gamma} \cdot O) \cdot (O \to T^p)] \Rightarrow T^p$

第三部分　主观价值

第11章 最终规范立场

只有将**主观价值要素**（subjective merit）——由某些能力、需
求或者情境的特殊判定所构成——也容纳进去，我们才能充分诠释
歧视性话语的结构。本章将推导公式展开进一步完善，从而达到将
主观价值纳入考量范围的目的。

11.1 记号

多萨德案中的论证 A：$O \rightarrow T^c$ 并未完整诠释起方的规范立场。
正如已经讨论过的那样，起方没有也无需论证女性和男性在所有方
面或根据所有目的都是平等的。她也没有断言"女性"的客观状态
足以证成对男女平等对待的要求。相反，在使论证聚焦于担任狱警
的职业资格问题时，她明确谈到更多的是主观价值——即她的完成
工作要求任务的能力本身。她辩称道，她拥有某些我们称之为**相当
主观价值**（commensurate subjective merit）——也就是满足工作要
求，并与工作要求相当的个体能力、智力和教育背景。她继而主张
就当前案件的情境，在尽可能**基于**（because），而避免**不考虑**（regardless of）个体完成论辩聚焦的工作任务能力的前提下，对女性
和男性应当予以平等的对待。

关于**相当主观价值**的断言——这种断言即个体具备某些能力或

者需求，从而应当按照存在争议的规则，赋予其享受某种被禁止利益的资质——将以字母 S 代表。因而，**不相当主观价值**（incommensurate subjective merit）的断言——这种断言即个体不具备某种赋予其享受该项利益的资质的某些能力或者需求——将以字母 ~S 代表。在需要以一般形式阐述主观价值之处，在不特定指明其相当（S）还是不相当（~S）的情形下，希腊字母 σ（sigma）将予以采用：

$$Ps（σ）\qquad σ⊂S，~S$$

就像符号 O 和 ~O 那样，S 和 ~S 也不会通过任何 γ 或者 ~γ 这样的标注予以调整，因为它们只代表形式化的、关于主观价值的事实断言。

这里需要再次强调短语"**形式化事实性**"（formally factual）的重要性。就像客观状态的平等或者不平等问题那样，个体优势、能力或者需要的实质问题包含着价值判断，并且在任何先验意义上并非是事实性的。多萨德案中，起方和应方都做出了形式化事实断言（"女性能够胜任这项工作，而其不会对她自己或监狱管理带来更多危险"；"女性不能在不对她自己和监狱管理带来危险的前提下胜任这项工作"），其中每一项断言都依赖于论者就法律规范的理解、经验数据以及文化价值观念的统合。

11.2　规范断言

多萨德案的起方必须在两种极端中摆明其中间立场。她无需断言女性和男性在所有方面平等，而只要诉诸特定的对待行为涉及的担任狱警职业的能力。然而，她也无法断言相当主观价值本

76

身对平等对待［A：S→T^c］的要求是充分的，因为法律体系中有很多建立在客观状态基础上的、关于对待差异性的规定，尽管某些个体具备赋予其平等对待资质的主观价值。比如，一些 10 岁的孩子可能精通于（相当主观价值）合同的制作，通常诸如此类的事实，不会使采纳统一和更高年龄要求（客观状态）的规定无效。

更确切地说，起方辩称其与完成必需任务相当的能力，足以确立基于雇用狱警意图的性别平等。亦即她指出，相当主观价值为**此种情境下**发现客观平等性提供了充分条件：**如果**就必需任务来说存在相当主观价值，**那么**就这些任务存在男女之间的客观平等性。（以此类推，精通于合同制作的孩子在寻求签署合同的平等权利时，可能会因循该思路提出歧视性诉讼。他们会辩称其相当的主观价值对于发掘成人和这些孩子就合同签署意图的客观平等性提供了充分条件：如果就合同签署存在相当主观价值，那么在成人与这些孩子之间，存在相应客观平等性。当然在实践中，对"精通"意义的怀疑态度往往注定了此类诉讼的失败结局。）那么在多萨德案中，起方论证可以据此结构化：

（a）基于雇用狱警的意图，相当主观价值（在不会给自己和监狱管理徒增危险的情况下完成工作任务的能力）为发现客观平等（男女之间）提供了充分条件［A：S→O］。

（b）客观平等（男女之间）为强制性平等对待提供了充分条件［A：O→T^c］。

该结构遵循假言三段论推理的规则，[1]并可以呈现如下：　　　　77

---

[1]　参见 4.6 部分注释 9 以及下文。

事实性前提	A：S→O	
规范性前提	A：O→T^c	
规范性结论	A：S→T^c	

作为结论的立场 A：S→T^c 省略了 O，但只有 O 对论证的推导具有重要意义：起方断言相当主观价值足以要求平等的对待，**但只有相当主观价值足以确立基于相关对待目的的客观平等。**[2]为了保证效率，该三段论可横向书写，

$$\text{F.11-1} \quad A：[(S{\to}O) \cdot (O{\to}T^c)] \Rightarrow (S{\to}T^c)$$

与 A：O→T^c 相比，此公式显示出起方规范立场更加完整的表述。

现在来探讨阿拉巴马州的立场。本案中，该州相关机构并未将重点放在起方个人能力上，而是强调对于囚犯完全为男性，且安保要求很高的监狱，并不适合女性亲身在这样的整体大环境中工作。据此，仅仅是女性身份本身就足以蕴含客观状态的不平等；这种不平等反过来为发现**任一**特定女性的相当优势提供了充分条件：就必需的职责来说存在男女之间客观的不平等，那么**依据事实本身**（*ipso facto*），确实有部分女性具备相当的主观能力，在履行职责时不会给自己和监狱管理徒增危险。该论证结构如下：

（a）（男女之间）客观不平等为发现本案中履行职责的不相

---

〔2〕 熟悉形式逻辑的读者可能会思考这里是否涉及一些相关的量化元素。客观状态代表加诸类型化个体中的某种属性，而主观价值对应相关范围之内特定个体的属性。例如，假定 W 代表女性，Q 代表作为狱警的资质，（∀x）代表该范围"所有个体 x"，而（∃x）代表"一些（特定）个体 x"。阿拉巴马州的论证据此可以表述为 Z：（∀x）（Wx→ ~ Qx），而起方的论辩则为 A：（∃x）（Wx · Qx）。虽然这些符号形式提供了更加深入的分析，但对进一步探讨来说并没有提供充分的帮助。

当主观价值（任一女性在能力上的不足）提供了充分条件[Z：~O→~S]。

（b）不相当主观价值（任一女性无法保证履职中避免给自己或监狱管理徒增危险）证成——亦即提供了充分条件——不平等对待［Z：~S→~T^p］。

因而：

事实前提　　Z：~O→~S

规范前提　　Z：~S→~T^p

────────────────────────

规范结论　　Z：~O→~T^p

结论立场 Z：~O→~T^p 表述省略了 ~S，但 ~S 对论证的推导意义非常重要：该州断言客观不平等足以证成不平等对待，但只有客观不平等足以确立关于任一女性就相关对待意图的不相当主观价值（incommensurate subject merit）。对此三段论推理也可以予以横向表述：

F. 11 – 2　Z：［（~O→~S）· （~S→~T^p）］⇒（~O→~T^p）

此结论与先前表述的 Z 的规范立场并无不同，但新的公式却显现出主观价值的作用和意义。

现在来探讨一些其他案例。在莫雷诺案中，起方辩称他们的贫困程度，和那些家庭成员具有亲属关系，因而有资格领取食品券的住户是一样的。可以看出这是关于相当主观价值的断言。他们认为，食品券项目的目的是减少贫困人口的营养不良，因而其相当主观价值足以使"包含一个或者多个与其他成员无亲属关系个体的家庭"，和"各个成员之间具有亲属关系的家庭"这两种客观状态走向平等。于是：

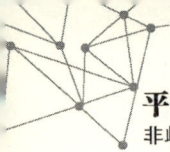

（a）为减缓贫困人口营养不良的目的，相当主观价值（基于贫困的需要）为发现客观平等（包含与不包含与其他成员无亲属关系个体的家庭）提供了充分的条件［A：S→O］。

（b）客观平等（包含与不包含与其他成员无亲属关系个体的家庭之间）为强制平等对待提供了充分条件［A：O→T^e］。

79 **练习题11-1** _____

就莫雷诺案，通过假言三段论规则，推导出 A 的规范结论：

1. 垂直形式
2. 水平形式

现在来看立场 Z。依据 1964 年《食品券法案》，"家庭"（house-hold）被视为包含具有和不具有亲属关系个体的属性。[3]后来美国国会注意到这样一种现象，即许多典型嬉皮士和嬉皮公社中的人，主动组建了一些以单纯地获取食品券为目的的家庭。1971 年该法案进行了修订。在伦奎斯特首席大法官（Justice Rehnquist）看来，这样就将"家庭"的意义限缩为"我们所知晓的一些家庭的多样化形式……以获取联邦食品券以外的若干目的而存在"[4]。伦奎斯特法官指出国会"对此问题的解决直击要害"[5]，并承认这种约束可能给有真正需求的人"带来不幸以及计划外的结果"[6]。尽管如此，他支持维护该修正法案合宪性的官方立场，并指出"平等保护的分析，并不必然要求每种类型化都具备'数学模型'一般的精准

---

[3]　78 Stat 703. Cf. 413 U. S. 528, 530（1973）.

[4]　413 U. S. at 546（Rehnquist, J., dissenting）.

[5]　*Id.* at 545.

[6]　*Id.* at 547.

性"[7]。因而，他认同官方的这种立场，即包含一位以上与其他成员不具亲属关系个体的家庭，在食品券的欺骗性使用中隐含着更大的风险。[8]进而可依据该法案目的，合理地将其视为与不包含一位以上与其他成员不具亲属关系个体的家庭是不平等的。[9]

对政府来说，因为"包含两位或者更多非亲属关系个体的家庭"类型，对应欺骗性风险的提升构成了与另一种类型的客观不平等，即"只包括有亲属关系成员的家庭"。对于解决该类型任一特定家庭中个体主观价值问题来说，此种风险已经足够显明。也就是说，该风险已经足以担保，发现该类型本身的客观不平等，为发现其中任一给定家庭的不相当主观价值提供了充分条件：

（a）欺骗性风险说明该（包含与不包含非亲属关系成员的家　80
庭之间的）客观不平等为发现不相当主观价值提供了充分条件
（亦即即使将贫困情形纳入考量范围）$[Z: \sim O \rightarrow \sim S]$；

（b）不相当主观价值为裁量性不平等待遇提供了充分条件
$[Z: \sim S \rightarrow \sim T^p]$。

练习题 11 -2

就莫雷诺案，通过假言三段论规则，推导出 Z 的规范结论：

1. 垂直形式
2. 水平形式

---

　[7]　*Id.* at 546. Cf. the Court opinion, *id.* at 538 [citing Dandridge v. Williams, 397 U. S. 471, 485 (1970)].

　[8]　413 U. S. at 546 (Rehnquist, J., dissenting).

　[9]　*Id.* at 546, 547.

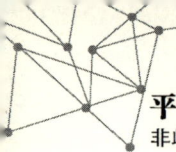

在**荷兰抚恤金领取人案**中，官方并不否认起方个人在西德的确工作了十年。然而，他们认为东德的退休制度已经将在西德工作的期间包含在内。赋予西德居民获得抚恤金的权利，意味着每个在西德工作过的人将得到双倍退休补偿。在政府看来，该事实将所有移民东德而没有在西德工作过的外国劳动者排除在外。这就造成了在起方个人完成的工作，以及没有获得东德抚恤金的外国劳动者之间的客观不平等：[10]

（a）（移民东德和没有移民东德的外国劳动者之间的）客观不平等为发现不相当主观价值（依个人完成的工作来判断）提供了充分条件 [Z：~ O→ ~ S]；

（b）不相当主观价值（依个人完成的工作来判断）为裁量性不平等对待提供了充分条件 [Z：~ S→ ~ Tᵖ]。

81 **练习题11-3**

就荷兰抚恤金领取人案，通过假言三段论规则，推导出 Z 的规范结论：

1. 垂直形式
2. 水平形式

然而，本案起方辩称在西德居住期间，其按时有效地完成了工作。据此可以构成基于解决纠纷目的的相当主观价值，来诠释其与移民东德的外国劳动者，相对于没有移民东德的外国劳动者在客观地位上的平等性：

---

[10] 95 BVerfGE 143，156（1996）.

（a）相当主观价值（依个人完成的工作来判断）为发现（移民和没有移民东德的外国劳动者之间的）客观平等提供了充分条件 [A：S→O]；

（b）（移民和没有移民东德的外国劳动者之间的）客观平等为强制平等对待提供了充分条件 [A：O→T^c]。

练习题 11-4

就荷兰抚恤金领取人案，通过假言三段论规则，推导出 A 的规范结论：

1. 垂直形式
2. 水平形式

BL$_{ii}$ 中产生的立场 A 和 Z 与我们在多萨德案、莫雷诺案和荷兰抚恤金领取人案中所确定的相关立场相关联。起方（BL A$_{ii}$）不需要确认说法语和说荷兰语的学生在所有方面的平等性。毋宁说，家长们相信以母语接受教育而获得与荷兰学生的平等地位，是他们孩子的个人需求。起方指出："孩子们可能会在学习荷兰语时遇到严峻的困难。"[11]他们要求"通过符合他们'能力'和'情感'条件的方式，为他们的孩子提供'能够确保他们个性最大化发展的'教育"[12]。换句话说，依据个人教育和文化需求，相当主观价值为发现两种语言群体之间的客观平等提供了充分条件：

（a）（教育和文化需求的）相当主观价值为发现（说法语和说荷兰语学生之间的）客观平等提供了充分条件 [A$_{ii}$：S→O]；

82

---

〔11〕　6 Eur. Ct. H. R.（ser. A）at 40（1968）.

〔12〕　*Id.* at 24. See also *id.* at 37.

（b）（说法语和说荷兰语学生之间的）客观平等为强制平等对待提供了充分条件［A_{ii}：$O{\rightarrow}T^c$］。

因此可得出横向公式，

F.11-3　A_{ii}：$\left[\ (S{\rightarrow}O)\ \cdot\ (O{\rightarrow}T^c)\ \right]\ \Rightarrow\ (S{\rightarrow}T^c)$

就政府的立场（$BL\ Z_{ii}$）来说，法庭指出起方并未提供说法语的孩子蒙受不利条件的事实证据。[13]政府辩称，国家并没有法律上的、提供接受母语教育条件的强制义务；[14]此外，双语教学的结果（说法语学生在家处于法语环境而在学校处于荷兰语环境）非但不会带来任何不利条件，反而为孩子们在教育和未来职业发展上提供了优势。[15]在政府看来，说荷兰语者在相应区域享有以母语接受教育的可能性，可以说是民主制度的意外产物——作为佛罗明地区多数居民的一项福利——而并不属于权利问题。[16]权利的平等诉求并不能延伸至意外产物的平等诉求上，并认为关于少数居住在荷兰语区域的所有法语居民，与说荷兰语者存在实质上的客观不平等：

（a）客观不平等（相对于接受母语教育的诉求）为发现不相当主观价值（即使存在事实上或者已实现的教育或文化需求）提供了充分条件［Z_{ii}：$\sim\!O{\rightarrow}\sim\!S$］；

（b）不相当主观价值（即使存在事实上或者已实现的教育或文化需求）为裁量性不平等待遇提供了充分条件［Z_{ii}：$\sim\!S{\rightarrow}\sim\!T^p$］。

因此可得出公式：

83

---

〔13〕　*Id.*
〔14〕　关于《公约》第 2 条第 1 款的适用，参见 7.2 部分以上的讨论。
〔15〕　*Id.* at 38.
〔16〕　*Id.* at 42.

F. 11 –4　Z_{ii}：$[（\sim O \rightarrow \sim S）\cdot（\sim S \rightarrow \sim T^p）] \Rightarrow（\sim O \rightarrow \sim T^p）$

若非如此推论，在 *BL* A_i 中，起方尝试断言所谓平等待遇——以荷兰语作为所有学生的教学语言——忽略了两类学生之间的**不同**之处（inequalities）。这并非由于说法语的人和说荷兰语的人在需求上存在差异，而只是因为他们因区别于说荷兰语者而有不同需求。从这个角度来看，起方所期待的持两种语言群体之间的客观**不平等**（objective inequality），并非基于所有目的，而只是从教学语言的层面来讲。那么对于 *BL* A_i 来说，关于教育和文化需求的不相当主观价值，为发现两种语言群体之间的客观不平等提供了充分条件：

（a）不相当主观价值（不同的教育和文化需求）为发现（说法语和说荷兰语学生之间的）客观不平等提供了充分条件[A_i：$\sim S \rightarrow \sim O$]；

（b）（说法语和说荷兰语学生之间的）客观不平等为强制不平等对待提供了充分条件 [A_i：$\sim O \rightarrow \sim T^c$]。

练习题 11 –5

就比利时语言案，通过假言三段论规则，推导出 A_i 的规范结论：

1. 垂直形式
2. 水平形式

基于教学语言的目的，官方的回应（*BL* Z_i）是两语言群体有客观的平等性。由于说法语者并没有将法语作为教学语言的强硬要求，法语群体中的学生个体也没有要求对应持荷兰语学生的不同待遇的特定需求。（本案涉及一般教育规划，而不会侧重于对例外情

84 形的关注，例如具有特殊学习障碍学生的需求。以母语接受教育对于他们可具有显著的必要性。）

    （a）（说法语和说荷兰语学生之间的）客观平等为发现（教育和文化需求的）相当主观价值提供了充分条件，$[Z_i: O \rightarrow S]$；

    （b）（教育和文化需求的）相当主观价值为自主的平等对待提供了充分条件 $[Z_i: S \rightarrow T^p]$。

练习题 11 – 6

就比利时语言案，通过假言三段论规则，推导出 Z_i 的规范结论：

1. 垂直形式
2. 水平形式

在多萨德案、莫雷诺案、荷兰抚恤金领取人案和比利时语言案中，立场 A 通常是从事实断言的特定语境中得出的。这在许多司法审判中都是必不可少的程序，例如美国联邦法庭遵循"案件或争讼"制度（case or controversy）和时机成熟理论（"ripeness" doctrines），而不再对理论上的政府行为或者立法体系进行审查。[17] 然而可以假定这样的情形，即上述任一案件的审判中存在被控诉的法律规则，并容许对于理论上的、通过建议甚至有约束力的意见进行的司法审查。在明确的起方缺席的情形下，关于主观价值可以做出何种论证？

可以推测这些论证都是一样的。例如，基于多萨德案涉争议规

---

  〔17〕 Nowak and Rotunda，2000：64 – 107.

则的审判中，法庭可能只是预设存在这种女性，即她们具备完成相应工作任务的资质。这是即使可能隐含却非常必要的步骤：在裁决一项法律规则是否为歧视性时，还能有其他有同等意义的路径吗？判定一项规则是否为歧视性的过程，就是决定是否有若干个体——已经明确，或在原则上明确地——受到该规则相较于其他个体的不公平影响。在诸如莫雷诺案的审判中，法庭会以明确或者隐含的方式预设应享有食品券权利的家庭；在荷兰抚恤金领取人案中，法庭会预设在移民东德之前在西德工作过一段时间的外国劳动者的存在，如此等等。这些案例中实际的起方仅提供了一种范例性而并非必需的、挑战依其申诉的歧视性规则的基础。这也是为何本书采用的分析模型没有考虑判例原则或者先例拘束原则（stare decisis）地位的区别，也就是说没有考虑司法意见的地位在普通法系和民法法系中的区别。

在多萨德案、莫雷诺案、荷兰抚恤金领取人案和 BL_{ii} 中，我们看到在 A 和 Z 立场对应的 τ、o 和 σ 都是统一的。只有在 BL_i 存在符号上的不同。而在更高层级当中，我们可以在之后讨论的案例中，分别明确和统一所有 A 和 Z 立场的公式：

F.11 – 5　A：$[\,(\sigma{\to}o)\cdot(o{\to}\tau^\gamma)\,]\Rightarrow(\sigma{\to}\tau^\gamma)$

F.11 – 6　Z：$[\,(o{\to}\sigma)\cdot(\sigma{\to}\tau^\gamma)\,]\Rightarrow(o{\to}\tau^\gamma)$

练习题 11 –7

推导以下公式：

示例：从 F.11 –1 推导出 F.11 –5。

(1) A：$[(S{\to}O)\cdot(O{\to}T^c)]\Rightarrow(S{\to}T^c)$　　　　给定（F.11 –1）

(2) A：$[(\sigma{\to}O)\cdot(O{\to}T^c)]\Rightarrow(\sigma{\to}T^c)$　　　　$Ps(\sigma)$

（3）A：$[(\sigma \rightarrow o) \cdot (o \rightarrow T^c)] \Rightarrow (\sigma \rightarrow T^c)$ 　　　　Ps(o)

∴ A：$[(\sigma \rightarrow o) \cdot (o \rightarrow \tau^\gamma)] \Rightarrow (\sigma \rightarrow \tau^\gamma)$ 　　　Ps(τ^γ)

1. 从 F. 11 - 2 推导出 F. 11 - 6。

2. 从 F. 11 - 3 推导出 F. 11 - 5。

3. 从 F. 11 - 4 推导出 F. 11 - 6。

即使是在更高层面上的抽象表述，F. 11 - 5 和 F. 11 - 6 也并不代表歧视性纠纷的所有类型，而只代表我们将在下文称之为"传统"（traditional）歧视性纠纷的类型。我们将看到代表其他类型争议的包含 τ、o 和 σ 的可能结构。

11.3　简化立场

从 F. 11 - 1 到 F. 11 - 6 代表了当事人全部规范前提和规范结论的公式，到目前为止已完整地呈现出来。然而既有规范立场只是当事人更广泛论证——还包含事实立场——的组成部分。随后，本书会再次将上述改进的事实立场和规范立场合并为复合立场。然而，采用这种较长的公式，会使这个过程变得非常繁琐且没有必要。明确从 F. 11 - 1 到 F. 11 - 6 规范立场中的前提，以及如何推导出相关结论，使我们得以采用规范立场的简化表述作为结论，例如 F. 11 - 1就可以表述为：

F. 11 - 1′　A：S→T^c

练习题 11 - 8

写出从 F. 11 - 2 到 F. 11 - 6 的简化规范立场。

练习题答案

练习题 11 −1

1. 事实前提　　　A：S→O

规范前提　　　A：O→T^c

规范结论　　　A：S→T^c

2. A：$[(S→O) \cdot (O→T^c)] \Rightarrow (S→T^c)$

练习题 11 −2

1. 事实前提　　　Z：～O→～S

规范前提　　　Z：～S→～T^p

规范结论　　　Z：～O→～T^p

2. Z：$[(～O→～S) \cdot (～S→～T^p)] \Rightarrow (～O→～T^p)$

练习题 11 −3

1. 事实前提　　　Z：～O→～S

规范前提　　　Z：～S→～T^c

规范结论　　　Z：～O→～T^c

2. Z：$[(～O→～S) \cdot (～S→～T^p)] \Rightarrow (～O→～T^p)$

练习题 11 −4

1. 事实前提　　　A：S→O

规范前提　　　A：O→T^c

规范结论　　　A：S→T^c

2. A：$[(S→O) \cdot (O→T^c)] \Rightarrow (S→T^c)$

88   **练习题 11 –5**

1. 事实前提 $A_i : \sim S \to \sim O$

    规范前提 $A_i : \sim O \to \sim T^c$

    规范结论 $A_i : \sim S \to \sim T^c$

2. $A_i : [(\sim S \to \sim O) \cdot (\sim O \to \sim T^c)] \Rightarrow (\sim S \to \sim T^c)$

练习题 11 –6

1. 事实前提 $Z_i : O \to S$

    规范前提 $Z_i : S \to T^p$

    规范结论 $Z_i : O \to T^p$

2. $Z_i : [(O \to S) \cdot (S \to T^p)] \Rightarrow (O \to T^p)$

练习题 11 –7

1. (1) $Z : [(\sim O \to \sim S) \cdot (\sim S \to \sim T^p)] \Rightarrow (\sim O \to \sim T^p)$ 给定 (F. 11 –2)

    (2) $Z : [(o \to \sim S) \cdot (\sim S \to \sim T^p)] \Rightarrow (o \to \sim T^p)$ $Ps(o)$

    (3) $Z : [(o \to \sigma) \cdot (\sigma \to \sim T^p)] \Rightarrow (\sigma \to \sim T^p)$ $Ps(\sigma)$

    $\therefore$ $Z : [(o \to \sigma) \cdot (\sigma \to \tau^\gamma)] \Rightarrow (o \to \tau^\gamma)$ $Ps(\tau^\gamma)$

2. (1) $A : [(S \to O) \cdot (O \to T^c)] \Rightarrow (S \to T^c)$ 给定 (F. 11 –3)

    (2) $A : [(\sigma \to O) \cdot (O \to T^c)] \Rightarrow (\sigma \to T^c)$ $Ps(\sigma)$

    (3) $A : [(\sigma \to o) \cdot (o \to T^c)] \Rightarrow (\sigma \to T^c)$ $Ps(o)$

    $\therefore$ $A : [(\sigma \to o) \cdot (o \to \tau^\gamma)] \Rightarrow (\sigma \to \tau^\gamma)$ $Ps(\tau^\gamma)$

89   3. (1) $Z : [(\sim O \to \sim S) \cdot (\sim S \to \sim T^p)] \Rightarrow (\sim O \to \sim T^p)$ 给定 (F. 11 –4)

    (2) $Z : [(o \to \sim S) \cdot (\sim S \to \sim T^p)] \Rightarrow (o \to \sim T^p)$ $Ps(o)$

    (3) $Z : [(o \to \sigma) \cdot (\sigma \to \sim T^p)] \Rightarrow (\sigma \to \sim T^p)$ $Ps(\sigma)$

    $\therefore$ $Z : [(o \to \sigma) \cdot (\sigma \to \tau^\gamma)] \Rightarrow (o \to \tau^\gamma)$ $Ps(\tau^\gamma)$

练习题 11 – 8

F. 11 – 2′ Z：~ O→ ~ T^p

F. 11 – 3′ A$_{ii}$：S→T^c

F. 11 – 4′ Z$_{ii}$：~ O→ ~ T^p

F. 11 – 5′ A：σ→τ$^\gamma$

F. 11 – 6′ Z：o→τ$^\gamma$

第 *12* 章　最终事实立场

　　在详尽探讨了最终的规范立场后，本章将结合客观状态和主观价值之间的关系来阐述最终的事实立场。

12. 1　一般逻辑形式

在展开对实际案例的考察之前，我们先花些时间来讨论逻辑形式的一些更新元素，来看以下公式：

$$\text{F. 12 − 1} \quad [(p{\rightarrow}q) \cdot p] \Rightarrow q$$

可以看出该结构代表经典的直言三段论：

（1）p→q

（2）P

∴　Q

三段论形式在传统逻辑中居于核心地位，通常被称为**分离规则**（modus ponendo ponens，或者简述为 modus ponens）。[1]现在来看以下公式：

---

〔1〕　Detlefsen *et al.*，1999：67 − 68.

F. 12 – 2　　$[\;(p{\to}q)\;\cdot\;p]\Rightarrow p\cdot q$

该论证的证明非常明确：

（1）p→q 给定

（2）p 给定

（3）q 分离规则（适用于步骤 1 和 2）

∴　p·q 合取命题（适用于步骤 2 和 3）

最后，来看该公式：

F. 12 – 3　　$[\;(p{\to}q)\;\cdot\;p\cdot r]\Rightarrow p\cdot q\cdot r$

证明过程与之前类似：

（1）p→q 给定

（2）p 给定

（3）r 给定

（4）q 分离规则（适用于步骤 1 和 2）

（5）p·q 合取命题（适用于步骤 2 和 4）

∴　p·q·r 合取命题（适用于步骤 5 和 3）

91

练习题 12 – 1

为下列论证写出垂直证明过程。

1. $[\,a\cdot(a{\to}b)\,]\Rightarrow b\cdot a$

2. $[\,a\cdot c\cdot(a{\to}b)\,]\Rightarrow a\cdot b\cdot c$

3. $[\,a\cdot(a{\to}c)\cdot b\,]\Rightarrow b\cdot c\cdot a$

12.2　客观状态与主观价值的关系

在多萨德案中，我们通过结合她关于对待不平等 [A：~T~$^\gamma$] 的断言，和客观状态平等 [A：O]$^{[2]}$ 的断言，记载了起方的复合事实立场：

A：~T~$^\gamma$·O　　"对待是不平等的，尽管有客观的平等性。"

从上一章的分析可知，起方对客观平等本身的断言，从前置的相当主观价值的事实断言推论出来：如果具备相当主观价值，就有客观平等性 [A：S→O]。也就是说，基于任职狱警的目的可形成性别间的事实性客观平等 [A：O]，据此而达到的结论要求她必须断言前提条件得到了满足——即她具备在完成工作任务方面的相当主观价值 [A：S]：

92

第一个事实前提	A：S→O	**如果**关于必要工作任务起方具备相当主观价值，**那么**就任职狱警的目的来说，男性和女性之间具备客观平等。
第二个事实前提	A：S	关于必要工作任务起方具备相当主观价值。
事实性结论	A：O	就任职狱警的目的来说，男性和女性之间具备客观平等。

横向表达方式为：

---

[2]　See Section 8.3 *supra*.

F. 12 – 4 A：[（S→O）·S] ⇒O

练习题 12 – 2

以下演绎推理代表莫雷诺案起方的论证，请进行填空。

第一个事实前提 A：_1_ →O 如起方就贫困状态具备相当主
观价值，那么包含与不包含无
亲属关系成员的家庭之间具备
客观平等。

第二个事实前提 _2_ :S 关于贫困状态,起方具备相当_3_
价值。

事实性结论 A：_4_ 在包含与不包含无亲属关系成
员的家庭之间具备客观_5_ 。

练习题 12 – 3

以下演绎推理代表荷兰抚恤金领取人案起方的论证,请进行
填空。

第一个事实前提 A:S→_1_ 如果起方就在西德完成的工作任
务具备相当主观价值,那么在移
民和没有移民东德的外国劳动者
之间具备客观平等。

第二个事实前提 A:_2_ _4_ 就在西德完成的工作任务具
备_3_ 。

事实性结论 _5_ 在_7_ 之间具备_6_ 。

12.3 最终立场

在多萨德案、莫雷诺案和荷兰抚恤金领取人案（后文将简要分析比利时语言案）中，F.12-4 从概念层面先在的主观价值断言，为起方就客观状态的断言提供了推论依据。其事实立场更为充分的表述如下：

$$\text{F.12-5}\quad \text{A:}\left[\ (S\rightarrow O)\ \cdot S\right]\Rightarrow S\cdot O$$

练习题 12-4 _____

以垂直形式写出 F.12-5 的证明过程。

94　　　　更加完善的表述——起方最终的事实立场——可以阐明如下：

$$\text{F.12-6}\quad \text{A:}\left[(S\rightarrow O)\ \cdot S\ \cdot\ \sim T^{\sim\gamma}\right]\Rightarrow\ \sim T^{\sim\gamma}\cdot S\cdot O$$

练习题 12-5 _____

以垂直形式写出 F.12-6 的证明过程。

12.4 应方立场

就多萨德案来说，可以将前述论证和应方的论证进行比较。我们已经记述了官方机构的事实立场。该立场将对待在事实上不平等的断言 $[Z:\sim T^{\sim\gamma}]$ 和客观状态不平等的断言 $[Z:\sim O]$ 结合了起来：[3]

---

[3]　See Section 8.3 *supra*.

Z：～T˜ᵞ · ～O　　"基于客观不平等的对待在事实上不平等。"

在探究起方立场时，我们看到罗林森关于客观状态的立场，依赖于先在的主观价值断言。然而正如我们已经看到的，就应方来说对立立场同样成立。主观价值断言从客观状态断言推出。对于官方机构来说，不相当主观价值断言推自于不平等客观状态断言：**如果男女之间就成功执行狱警工作任务的能力上形成了客观的不平等，那么依据事实本身**（*ipso facto*）存在关于起方可否被雇用的不相当主观价值［Z：～O→～S］：

第一个事实前提	Z：～O→～S	如果男女之间就成功执行狱警工作任务的能力形成了客观不平等，**那么**存在就起方被雇用的不相当主观价值。
第二个事实前提	A：～O	男女之间就成功执行狱警工作任务的能力形成了客观不平等。
事实性结论	A：～S	就起方可被雇用从事该职位来说，存在不相当主观价值。

95

横向表达式为：

F. 12 – 7　Z：［（～O→～S）· ～O］⇒ ～S

练习题 12 – 6

以下演绎推理代表莫雷诺案应方的论证，请进行填空。

第一个事实前提　Z：1 → ～S　就获得食品券的资质，如果包含与不包含无亲属关系成员

　　　　　　　　　　　　　　家庭之间具备客观不平等，那
　　　　　　　　　　　　　　么就起方来说存在不相当主
　　　　　　　　　　　　　　观价值(即使存在贫困事实)。
第二个事实前提　　<u>2</u>：~O　　就获得食品券的资质，在包含
　　　　　　　　　　　　　　与不包含无亲属关系成员家
　　　　　　　　　　　　　　庭之间存在客观<u>3</u>。

事实性结论　　　　Z：<u>4</u>　　就起方来说存在<u>5</u>主观<u>6</u>
　　　　　　　　　　　　　　(即使存在贫困事实)。

96 ▌**练习题12-7**

　　以下演绎推理代表荷兰抚恤金领取人案应方的论证，请进行
填空。

第一个事实前提　<u>1</u>　就抚恤金来说，如果在移民和没有移民
　　　　　　　　　　东德的外国劳动者之间具备客观不平
　　　　　　　　　　等，那么对起方来说存在不相当主观
　　　　　　　　　　价值。

第二个事实前提　<u>2</u>　就抚恤金来说，在4之间具有型3。

事实性结论　　　<u>5</u>　对<u>7</u>来说存在<u>6</u>(尽管在西德完成
　　　　　　　　　　工作)。

　　就多萨德案、莫雷诺案和荷兰抚恤金领取人案来说，公式
F.12-7表征应方从逻辑上先在的客观状态断言，推导出主观价值
断言。其事实立场更充分的表述如下：

　　　F.12-8　Z：[(~O→~S) · ~O] ⇒ ~S · ~O

那么应方最终的事实立场可以表述为：

F. 12 -9　Z：[（~O→~S）·~O·~T~ʸ]⇒~T~ʸ·~S·~O

练习题 12 -8

以垂直形式写出 F. 12 -9 的证明过程。

12.5　可替立场

如前文讨论的那样，比利时语言案提供了实质相同立场的可替换形式表达。在 BL_{ii} 中起方和应方的立场，和多萨德案、莫雷诺案和荷兰抚恤金领取人案中的相应立场都是相同的。

练习题 12 -9

以下演绎推理代表 BL_{ii} 中起方的论证，请进行填空。

第一个事实前提	A_{ii}：__1__	关于接受法语教育，如果对说法语的学生来说存在相当主观价值，那么就接受母语教育来说，在说法语和说荷兰语的学生之间存在客观平等。
第二个事实前提	__2__	关于__5__，对__4__来说，存在__3__。
事实性结论	__6__	就接受母语教育来说，在__8__之间存在__7__。

练习题 12 –10

以下演绎推理代表 BL_{ii} 中应方的论证，请进行填空。

第一个事实前提　$Z_{ii}: \underline{1}$　　关于接受母语教育的诉求，如果在说法语和说荷兰语的学生之间存在客观不平等，那么就法语教育来说，存在对说法语的学生的不相当主观价值。

第二个事实前提　$\underline{2}$　　关于接受母语教育的诉求，在 $\underline{4}$ 之间存在 $\underline{3}$ 。

事实性结论　　　$\underline{5}$　　就法语教育来说，对 $\underline{7}$ 来说存在 $\underline{6}$ 。

在之前的讨论中，通过结合对待平等断言 $[A_i: T^{\sim\gamma}]$ 和客观状态不平等断言 $[A_i: \sim O]$，我们记述了 $BL\ A_i$ 中起方的复合事实立场：[4]

$A_i: T^{\sim\gamma} \cdot \sim O$　"尽管说法语和说荷兰语者存在客观上的不平等，对待在事实上是平等的（所有学生以同一种语言接受教育）。"

然而，我们可以看到该客观不平等断言本身，建立在一个先在的不相当主观价值断言 $[A_i: \sim S \to \sim O]$ 基础之上。也就是说，基于教育目的，为了得出说两种语言的学生之间存在客观不平等 $[A_i: \sim O]$ 的结论，起方坚持对说法语的孩子来说存在不相当主观价值 $[A_i: \sim S]$：他们的教育和文化需求不同于说荷兰

---

〔4〕　See Section 8.3 *supra*.

语的孩子。

练习题 12 – 11

以下演绎推理代表 BL_i 中起方的论证,请进行填空。

第一个事实前提　　A_i: <u>1</u>　　关于接受荷兰语教育的现实,如果对说法语的学生来说存在不相当主观价值,那么就教学语言来说,在两类学生之间存在客观不平等。

第二个事实前提　　<u>2</u>　　关于 <u>5</u> 存在对 <u>4</u> 来说的 <u>3</u>。

事实性结论　　　　<u>6</u>　　就教学语言来说,在 8 之间存在7。

练习题 12 – 12

以水平形式写出 $BL\ A_i$ 中完整的事实论证。

在 $BL\ Z_i$ 中通过结合对待平等的事实断言 $[Z_i: T^{\sim\gamma}]$ 和客观状态平等断言 $[A: O]$,我们已经为应方记述了复合事实立场:[5]

　　$Z_i: T^{\sim\gamma} \cdot O$　　"基于说法语和说荷兰语者的客观平等,对待是平等的（所有学生以同一种语言接受教育）。"

对于政府来说,客观平等状态断言蕴含了相当主观价值断言:如果就教学语言来说,说两种语言的学生之间存在客观平等（所有学生以同一种语言接受教育）,那么对于可能要求任何特定或者区

---

[5] See Section 8.3 *supra*.

99

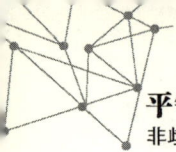

别对待的说法语的学生来说，并不存在不相当主观价值。

练习题 12－13

以下演绎推理代表 BL_i 中应方的论证，请进行填空。

第一个事实前提	$Z_i:\underline{\ 1\ }$	如果就教学语言来说，说两种语言的学生之间存在客观平等（所有学生以同一种语言接受教育），那么对于说法语和学生接受荷兰语教育来说，存在相当主观价值。
第二个事实前提	$\underline{\ 2\ }$	就教学语言来说，在 $\underline{\ 4\ }$ 之间存在 $\underline{\ 3\ }$ 。
事实性结论	$\underline{\ 5\ }$	对于 $\underline{\ 7\ }$ 接受荷兰语教育来说，存在 $\underline{\ 6\ }$ 。

练习题 12－14

以水平形式写出 $BL\ Z_i$ 中完整的事实性论证。

12.6　一般立场

　　尽管比利时语言案中蕴含了可替换形式立场，多萨德案、莫雷诺案、荷兰抚恤金领取人案和本案都可以通过一般性表述表征最终的事实断言：

$$\text{F. 12 - 10}\quad A:\left[(\sigma\to o)\cdot\sigma\cdot\tau^{\widetilde{\ }\gamma}\right]\Rightarrow\tau^{\widetilde{\ }\gamma}\cdot\sigma\cdot o$$

$$\text{F. 12 - 11}\quad Z:\left[(o\to\sigma)\cdot o\cdot\tau^{\widetilde{\ }\gamma}\right]\Rightarrow\tau^{\widetilde{\ }\gamma}\cdot\sigma\cdot o$$

练习题 12 - 15

1. 从 F. 12 - 6 推导出 F. 12 - 10。

2. 从 F. 12 - 9 推导出 F. 12 - 11。

12.7　简化立场

公式 F. 12 - 6、F. 12 - 9、F. 12 - 10 和 F. 12 - 11 在它们呈现当事人所有事实性前提和结论的范围内已经是完备的。然而正如上一章那样，为了容纳更为简洁的符号形式，公式结论可以作为整体性论证的简化表达，例如 F. 12 - 6 可以表述为：

$$\text{F. 12 - 6}'\quad A:\ \sim T^{\widetilde{\ }\gamma}\cdot S\cdot O$$

练习题 12 - 16

写出 F. 12 - 9、F. 12 - 10 和 F. 12 - 11 的简化事实立场。

练习题答案

练习题 12 - 1

1.（1）a　　　　　　　　给定

　（2）a→b　　　　　　给定

　（3）b　　　　　　　　分离规则（适用于步骤 1 和 2）

∴ b · a	合取命题(适用于步骤3和1)

2. (1)a 　　　　　　　给定

(2)c 　　　　　　　给定

(3)a→b 　　　　　给定

(4)b 　　　　　　　分离规则(适用于步骤1和3)

(5)a · b 　　　　　合取命题(适用于步骤1和4)

∴ a · b · c 　　　合取命题(适用于步骤5和2)

3. (1)a 　　　　　　　给定

(2)a→c 　　　　　给定

(3)b 　　　　　　　给定

(4)c 　　　　　　　分离规则(适用于步骤1和2)

(5)b · c 　　　　　合取命题(适用于步骤3和4)

∴ b · c · a 　　　合取命题(适用于步骤5和1)

练习题 12 – 2

1. S 　　　　　　　　　　4. O

2. A 　　　　　　　　　　5. 平等

3. 主观的

练习题 12 – 3

1. O 　　　　　　　　　　5. A;O

2. S 　　　　　　　　　　6. 客观平等

3. 相当主观价值 　　　　7. 移民和没有移民东德的外国劳动者

4. 起方的

练习题 12 – 4

(1)S→O 　　　　　给定

(2)S 　　　　　　　给定

（3）O　　　　　　　　　分离规则（适用于步骤 1 和 2）

∴　S・O　　　　　　　合取命题（适用于步骤 2 和 3）

练习题 12 - 5

（1）S→O　　　　　　　给定

（2）S　　　　　　　　　给定

（3）~T$^{~γ}$　　　　　　给定

（4）O　　　　　　　　　分离规则（适用于步骤 1 和 2）

（5）~T$^{~γ}$・S　　　　　合取命题（适用于步骤 3 和 2）

∴　~T$^{~γ}$・S・O　　　合取命题（适用于步骤 5 和 4）

练习题 12 - 6

1. ~O　　　　　　　　4. ~S

2. Z　　　　　　　　　5. 不相当

3. 不平等　　　　　　6. 价值

练习题 12 - 7

1. Z：~O→ ~S　　　　5. Z：~S

2. Z：~O　　　　　　6. 不相当主观价值

3. 客观不平等　　　　7. 起方

4. 移民和没有移民东德的外国劳动者

练习题 12 - 8

（1）~O→ ~S　　　　　给定

（2）~O　　　　　　　　给定

（3）~T$^{~γ}$　　　　　　给定

（4）~S　　　　　　　　分离规则（适用于步骤 1 和 2）

（5）~T$^{~γ}$・ ~S　　　合取命题（适用于步骤 3 和 4）

∴　~T$^{~γ}$・ ~S・ ~O　合取命题（适用于步骤 5 和 3）

练习题 12 –9

1. S→O

2. A_{ii} : S

3. 相当主观价值

4. 说法语的学生

5. 以法语接受教育

6. A_{ii} : O

7. 客观平等

8. 说法语和说荷兰语的学生

练习题 12 –10

1. ~O→ ~S

2. Z_{ii} : ~O

3. 客观不平等

4. 说法语和说荷兰语的学生

5. Z_{ii} : ~S

6. 不相当主观价值

7. 说法语的学生

练习题 12 –11

1. ~S→ ~O

2. A_i : ~S

3. 不相当主观价值

4. 说法语的学生

5. 以荷兰语接受教育

6. A_i : ~O

7. 客观不平等

8. 说法语和说荷兰语的学生

练习题 12 –12

$A_i : [(~S→ ~O) \cdot ~S \cdot T^{~\gamma}] \Rightarrow T^{~\gamma} \cdot ~S \cdot ~O$

练习题 12 –13

1. O→S

2. Z_i : O

3. 客观平等

4. 说法语和说荷兰语的学生

5. Z_i : S

6. 相当主观价值

7. 说法语的学生

练习题 12 –14

$Z_i : [(O→S) \cdot O \cdot T^{~\gamma}] \Rightarrow T^{~\gamma} \cdot S \cdot O$

练习题 12 – 15

1. (1) A: $[(S{\rightarrow}O) \cdot S \cdot {\sim}T^{\sim\gamma}] \Rightarrow {\sim}T^{\sim\gamma} \cdot S \cdot O$ 给定(F. 12 – 6)

    (2) A: $[(\sigma{\rightarrow}O) \cdot \sigma \cdot {\sim}T^{\sim\gamma}] \Rightarrow {\sim}T^{\sim\gamma} \cdot \sigma \cdot O$ Ps(σ)

    (3) A: $[(\sigma{\rightarrow}o) \cdot \sigma \cdot {\sim}T^{\sim\gamma}] \Rightarrow {\sim}T^{\sim\gamma} \cdot \sigma \cdot o$ Ps(o)

    ∴ A: $[(\sigma{\rightarrow}o) \cdot \sigma \cdot \tau^{\sim\gamma}] \Rightarrow \tau^{\sim\gamma} \cdot \sigma \cdot o$ Ps($\tau^{\sim\gamma}$)

2. (1) Z: $[({\sim}O{\rightarrow}{\sim}S) \cdot {\sim}O \cdot {\sim}T^{\sim\gamma}] \Rightarrow {\sim}T^{\sim\gamma} \cdot {\sim}S \cdot {\sim}O$ 给定(F. 12 – 9)

    (2) Z: $[(o{\rightarrow}{\sim}S) \cdot o \cdot {\sim}T^{\sim\gamma}] \Rightarrow {\sim}T^{\sim\gamma} \cdot {\sim}S \cdot o$ Ps(o)

    (3) Z: $[(o{\rightarrow}\sigma) \cdot o \cdot {\sim}T^{\sim\gamma}] \Rightarrow {\sim}T^{\sim\gamma} \cdot \sigma \cdot o$ Ps(σ)

    ∴ Z: $[(o{\rightarrow}\sigma) \cdot o \cdot \tau^{\sim\gamma})] \Rightarrow \tau^{\sim\gamma} \cdot \sigma \cdot o$ Ps($\tau^{\sim\gamma}$)

练习题 12 – 16

F. 12 – 9′   Z: ${\sim}T^{\sim\gamma} \cdot {\sim}S \cdot {\sim}O$

F. 12 – 10′   A: $\tau^{\sim\gamma} \cdot \sigma \cdot o$

F. 12 – 11′   Z: $\tau^{\sim\gamma} \cdot \sigma \cdot o$

第 *13* 章 最终复合立场

本章将把最终的事实立场与规范立场合并起来，从而形成最终 105的复合立场。

13.1 最终事实立场与最终规范立场之合取

我们已经通过结合事实立场和规范立场构造复合立场。[1]对于简化之后并得以改进的事实立场与规范立场，我们可以采取同样的方法。多萨德案、莫雷诺案、荷兰抚恤金领取人案和 BL_{ii} 中，起方的立场可按照以下方式表述（ $\sim T^{\sim \gamma} \cdot S \cdot O$ 部分所用的圆括号并不具有严格意义上的必要性，但其作用主要在于帮助区分事实部分和规范部分）：

$$F.13-1 \quad A: (\sim T^{\sim \gamma} \cdot S \cdot O) \cdot (S \rightarrow T^c)$$

练习题 13 – 1

1. 写出多萨德案、莫雷诺案、荷兰抚恤金领取人案和 BL_{ii} 应方的最终复合立场。

---

〔1〕 参见第 7 章和第 10 章的讨论。

2. 写出 BL_i 中起方的最终复合立场。

3. 写出 BL_i 中应方的最终复合立场。

4. 写出 F. 11 – 5 和 F. 12.10 中 A 的一般复合立场。

5. 写出 F. 11 – 6 和 F. 12.11 中 Z 的一般复合立场。

13.2　消除条件命题

经过更深入的探索，我们发现 F. 13 – 1 可以进一步简化。其中不但包含条件命题 $[S{\to}T^c]$，而且包含其前件得以满足的断言——即断言 S，那么在排除条件命题之后更为简洁的复合命题可表述为：

106

（1） $\sim T^{\sim\gamma}$	给定	
（2） S	给定	
（3） O	给定	
（4） $S{\to}T^c$	给定	
（5） T^c	分离规则（适用于步骤 2 和 4）	
（6） $\sim T^{\sim\gamma}\cdot S$	合取命题（适用于步骤 1 和 2）	
（7） $\sim T^{\sim\gamma}\cdot S\cdot O$	合取命题（适用于步骤 6 和 3）	
∴　$\sim T^{\sim\gamma}\cdot S\cdot O\cdot T^c$	合取命题（适用于步骤 7 和 5）	

从上述推论可以看出 F. 13 – 1 可采取不包括任何条件成熟的、更简单的形式：

$$\text{F. 13 – 2　A：} \sim T^{\sim\gamma}\cdot S\cdot O\cdot T^c$$

抑或，如果要将事实断言和规范断言以可见的方式区分开，可将其表述为：

$$\text{F. 13 – 3　A：} (\sim T^{\sim\gamma}\cdot S\cdot O)\cdot T^c$$

然而在以后章节中，将不会使用这种更为简化的形式，因为我们将发现，条件性假设的存在为区分不同论证种类的特性，提供了更为明晰的洞见。

13.3 违反

之前本书提到，立场 A 和 Z 本身就是这些论证的前提，即一些非歧视性规则已经被违反或者没有被违反。[2] F. 13 − 1 据此可以表述得更为精准：

$$F. 13 - 4 \quad A: \left[(\sim T^{\sim\gamma} \cdot S \cdot O) \cdot (S \rightarrow T^c) \right] \Rightarrow B$$

练习题 13 − 2

重做练习题 13 − 1，将所有复合立场写为关于违反或者不违反规则的论证。

练习题答案

练习题 13 − 1

1. $Z: (\sim T^{\sim\gamma} \cdot \sim S \cdot \sim O) \cdot (\sim S \rightarrow \sim T^p)$

2. $A: (T^{\sim\gamma} \cdot \sim S \cdot \sim O) \cdot (\sim S \rightarrow \sim T^c)$

3. $Z: (T^{\sim\gamma} \cdot S \cdot O) \cdot (S \rightarrow T^p)$

4. $A: (\tau^{\sim\gamma} \cdot \sigma \cdot o) \cdot (\sigma \rightarrow \tau^\gamma)$

5. $Z: (\tau^{\sim\gamma} \cdot \sigma \cdot o) \cdot (o \rightarrow \tau^\gamma)$

---

〔2〕 See Section 7.3 *supra*.

练习题 13 - 2

1. Z:$[(\sim T^{\sim\gamma} \cdot \sim S \cdot \sim O) \cdot (\sim S \to \sim T^p)] \Rightarrow \sim B$

2. A:$[(T^{\sim\gamma} \cdot \sim S \cdot \sim O) \cdot (\sim S \to \sim T^c)] \Rightarrow B$

3. Z:$[(T^{\sim\gamma} \cdot S \cdot O) \cdot (S \to T^p)] \Rightarrow \sim B$

4. A:$[(\tau^{\sim\gamma} \cdot \sigma \cdot o) \cdot (\sigma \to \tau^\gamma)] \Rightarrow B$

5. Z:$[(\tau^{\sim\gamma} \cdot \sigma \cdot o) \cdot (o \to \tau^\gamma)] \Rightarrow \sim B$

第四部分　一般论证形式

第 *14* 章 传统模型

到目前为止本书只考察了歧视性纠纷的一种一般类型，我们将称其为**传统**（traditional）纠纷。而在分析其可替换类型之前，我们将更加深入地探索传统模型。

14.1 一般形式

可称之为"传统"的纠纷，形成于应方基于某些客观状态，明确承认对起方施以不平等对待的情形。在多萨德案、莫雷诺案、荷兰抚恤金领取人案和比利时语言案中，官方从未否认对待不平等的事实。毋宁说，这些不平等都在法律或者政策中有明确阐述，并就其属性受到官方的认同和坚持。基于相关对待的意图，起方通过辩称相当主观价值确立了平等的客观状态，来挑战这种客观不平等。因此，当事人关于 τ、o 和 σ 逻辑值的立场分歧，蕴含了关于这些符号**相互之间**（*inter se*）形式关系的立场分歧：

A：$\left[\ (\tau^{\tilde{\ }\gamma} \cdot \sigma \cdot o)\ \cdot\ (\sigma \to \tau^c)\ \right] \Rightarrow B$

Z：$\left[\ (\tau^{\tilde{\ }\gamma} \cdot \sigma \cdot o)\ \cdot\ (o \to \tau^p)\ \right] \Rightarrow \sim B$

14.2 "经典"歧视：种族案例

1890 年，路易斯安那州议会通过法律，要求火车车厢的座位将"白种人"和"有色人种"乘客分开。两年以后，具有种族混合血统的霍默·普莱西（Homer Plessy），因为拒绝离开白人专用车厢而被囚禁。在普莱西诉弗格森案（Plessy v. Ferguson）[1]中，美国最高法院认为，只要火车车厢为所有种族服务，那么要求车厢安排将种族隔离开的法律并没有违反宪法第十四修正案的平等保护条款。据此观点，法庭采纳了臭名昭著，且效力维持长达半个多世纪的"隔离但平等"（separate but equal）原则。

普莱西先生的控诉在某种程度上是基于这样的主张，即他具有"7/8 的高加索（白人）血统和 1/8 的非洲血统；并且其种族混合血统无法识别"[2]。尽管法庭依据禁止奴隶制度和强制劳役的第十三修正案，简要考察了该法规的合宪性，然而其意见主要聚焦于第十四修正案的平等保护条款。对于普莱西最明确的诉讼策略，就是建构基于他使用公共交通服务相当（commensurate）需求的论证（该判断理所当然地预设了这种情形，普莱西具备在遵循公共交通的习惯性要求方面相当的能力与意愿——持有有效票证、作为乘客的行为恰当性，诸如此类）。依据路易斯安那法规，铁路客运服务也向有色人种开放。[3]对起方而言，平等保护的要求要更进一步——本案就是这种情况。普莱西辩称，该州针对公共铁路交通的法律，只有在允许种族融合的情况下才可称为平等。[4]如果未能充

112

---

[1]　163 U. S. 537（1896）.

[2]　*Id.* at 541.

[3]　*Id.* at 540（citing Section 1 of the statute）.

[4]　*Id.* at 542.

分实现基于种族融合的公共交通服务，这种资源的实质平等就仍然相当于不平等对待：

F. 14 – 1　A：$[\ (\sim T^{\sim\gamma}\cdot S\cdot O)\ \cdot\ (S\to T^c)\ ]\ \Rightarrow B$

路易斯安那州认为，由于从总体上来说白种人和有色人种享有同等服务，因而平等保护条款（the Equal Protection Clause）的规定已经得到满足。然而这种观点引发了更深层面的问题。如果平等保护的要求可在种族隔离的前提下以等价服务得以满足，那么该法律中仍然存留不平等的成分。本案的核心议题是关于该不平等部分的合宪性。在其规范立场当中，路易斯安那州不得不通过确认若干客观不平等情形，来证成其所发现的不相当主观价值：

Z：$[\ (\sim O\to\sim S)\ \cdot\ (\sim S\to\sim T^p)\ ]\ \Rightarrow\ (\sim O\to\sim T^p)$

面对如此鲜明的相当主观价值，即旅行的需求或者遵循旅客规则的能力（F. 14 – 1），对于客观不平等的前提来说，可以找到怎样的相关性依据呢？

路易斯安那州的立场被普莱西案的主审法官接受。该立场反映了关于种族作为自然属性的事实，而并非文化的概念。法庭引证了马萨诸塞州早期的一项案例，该案将种族区分和性别区分相提并论。而性别区分对应着需求、兴趣和能力等方面的自然差异这一点，被 19 世纪的人们广泛接受和认同。[5]同样地，本案法庭诉诸种族区分和年龄差异的类比：绝对平等的原则，不得不屈从于赋予

<hr>

〔5〕　163 U. S. at 544〔讨论罗伯特诉波士顿一案，59 Mass.（5 Cush.）198（1850）〕。在美国最高法院审判的第一起性别歧视案中，支持了波士顿所在州针对女性的法律事实禁令。参见布拉德维尔诉伊利诺伊，83 U. S.（16 Wall.）130，141（1873）。Bradley, J., 基于以下基础予以认同，即"女性最高的使命是完成作为尊贵贤良角色的、妻子和母亲的职责。这是造物主的法律。公民社会的规则必须顺应这一事物内在的、本质的普遍性宪法"。Cf. Heinze, 1999b：45 – 59。

儿童和成年人以同等法律权利的荒谬性。然而，儿童和成人之间的   113
客观差异判断并非武断。需求、兴趣和能力的差异——也就是儿童
和成人之间的不相当主观价值，与此客观差异是相适应的。同样
地，"按照道理来讲"（in the nature of things）[6]，种族区分也与其
内在——基于研究目的而认定为主观层面的——差异相对应。法庭
认同特定对象不会受到种族差异的影响，其中大致包括黑人乘客使
用公共交通服务的同等需求、同等地购买车票，以及遵循旅客行为
规则的能力等等。与此事实相适应的是，有色人种都被允许乘坐火
车。然而，法庭发现了诸如公共或者社会混合性等其他要素，受到
了种族差异的影响；[7]同样地，种族差异蕴含了人类的差异。换句
话说，法庭认为基于白种人和有色人种使用公共设施权限的目的，
种族差异蕴含了不相当主观价值的充分前提：

$$\text{F.14 - 2} \quad Z: \left[\ (\sim T^{\sim \gamma} \cdot \sim S \cdot \sim O)\ \cdot\ (\sim O \rightarrow \sim T^p)\right] \Rightarrow \sim B$$

    再次重申，我们分析的目的并不是做出实质评价——这个过程
将是冗长的，并且更加明显地根基于历史和政治语境。

    最高法院直到1954年才重新审查了"隔离但平等"原则。在
布朗诉教育委员会案（Brown v. Board of Education）[8]中，来自多
个州的控诉者抗议公立学校的种族隔离制。应诉州政府指出，（法
庭基于案件本身的目的也接受的）下级法院的裁决认为"在教学设
施、课程安排、资格认定和教师薪水，以及其他'实质要素'等方
面，黑人和白人学校已经或者正在平等化"[9]。应方据此坚持其在

---

[6]   163 U. S. at 544.

[7]   *Id.* at 544，550，551 - 52.

[8]   347 U. S. 483（1954）.

[9]   *Id.* at 492.

F. 14 - 2 中的立场：同等服务的提供已经满足了平等保护的要求，其他可能存在的种族歧视现象，隐含于州政府基于公共利益行使管理的合法权力范围之内。然而这一次，法庭拒绝了从客观状态推导出任何不相当主观价值的论证，认为种族隔离制本身造成了对黑人学生来说相对低劣的教育环境。充分平等的教育不仅要求平等的"实质"设施提供，还要求"非实质"化的、对所有白人学生开放和共享的、充分教育体验上的机会平等。[10] 故而，法庭接受了可应用于教育的"实质"和"非实质"等所有方面的、F. 14 - 1 中 A 的立场。

114　　## 14.3　继续争论：性取向案例

　　近年来的若干案例中，美国联邦法院曾尝试确认"不问不说"政策的合宪性。该政策是 1994 年至 2010 年间对待军内同性恋的、由克林顿提出的政策，[11] 其内容主要在于只要是在军队中服役，以及试图入伍的同性恋者，如果不主动表示他们的性取向，长官就不会揭露他们。然而这也意味着一旦他们公开了自己女性或者男性同性恋身份，就面临着被军队驱逐的结果。这些案例由这些个体起诉，他们因为泄露了自己的同性恋身份，依据该政策而被强制退伍。他们论证的核心，在于性取向对个体完成军事任务的能力没有任何影响：就有关军事任务来说，相当主观价值蕴含了客观平等；而客观平等要求平等的对待（F. 14 - 1）。

---

〔10〕　*Id.* at 493 - 94.

〔11〕　See e. g. , Philips v. Perry, 106 F. 3d 1420 (9th Cir. 1997)；Richenberg v. Perry, 97 F. 3d 256 (8th Cir. 1996)；Thomasson v. Perry, 80 F. 3d 915 (4th Cir. 1996)；Able v. United States, 88 F. 3d 1280 (2d Cir. 1996) .

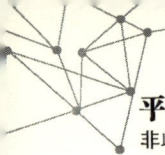

在证立该政策时，联邦政府并未质疑同性恋个体完成军事任务的能力。就像普莱西案和布朗案中，州政府认同黑人享有公共交通和教育方面的整体性利益那样，联邦政府并未断言：不相当主观价值本身证成了客观不平等的发现。相反，它认为单是军官的同性恋身份——无论他做了什么事——就足以摧毁士兵之间的凝聚力，进而消解军队的战斗力。联邦政府认为个体同性恋身份这一特定事实（不平等客观状态），从涉及个体行为的任何情形中抽离出来之后，其本身就隐含了破坏军事运作效率的极大可能，因而证成了不相当主观价值的发现（F. 14 - 2）。

传统模型建构了基于性取向的其他类型的诉求，例如承诺年龄（指可以结婚或进行性行为，而不触犯法律的最低年龄），求职，家庭或者继承纠纷等。[12]在苏瑟兰诉英国案（Sutherland v. the United Kingdom）[13]中，对于起方抗议英国法律设定了更高的参与同性性行为承诺年龄的诉求，欧洲委员会采取了支持的态度。英国政府在证立更高承诺年龄限制的时候，指出其属于"保护年轻男性，避免其受到使自己与社会脱离的，以及待其更为成熟时会深感遗憾的行为而导致伤害"[14]的一种方式。英政府将这种风险归结于同性恋本身（F. 14 - 2）。然而，欧洲委员会支持了起方的立场，指出"当前的医学意见……说明到了16周岁，性取向效应在两种性别之中已经固定，而16到21周岁的男性并不需要——由于纳入同性恋群体带来的风险——特别的保护"[15]。因而在将未成年人的同性恋身

---

〔12〕　See e. g., Heinze, 1995: chs. 12, 14.

〔13〕　App. No. 25186/94, 24 Eur. Hum. Rts. Rep. （Comm'n Supp.） C. D 22 （1997）.

〔14〕　Id. at 29, para. 47.

〔15〕　Id. at 32, para. 64 （同时也指出"无论受害者是男性还是女性，在性方面更具攻击性的年长男性带来的风险，需要引起特别的关注"）.

份表征为既成事实（*fait accompli*）的前提下，起方的立场不仅挑战
115　了政府提出的风险的可能性，而且破坏了这种存疑理念可被表征为
"风险"的可能性。对于起方和欧洲委员会来说，同性恋的客观状
态并不蕴含此类风险。因此，承诺年龄的问题只需要通过主观的成
熟度，而非性取向的客观状态予以判定（F. 14 - 1）。

14.4　新分类与司法审查标准

先前提到，1868 年所批准的美国宪法第十四修正案规定："各
州不得否认，所有公民享有被平等保护的法律权利。"[16]该规定没
有包含所保护个体所属阶层或者类别的详尽目录，因而其不但与后
期国家立法（例如 1964 年的《民权法案》[17]）存在差异，而且和
后来的国际、地区与国家制度有所不同，[18]后者通常诉诸像种族、
民族、宗教、性别或者血统等类别。美国最高法院曾首先对此提出
疑问，即南北战争以后通过的平等保护条款，会将类型化范围拓展
到种族以外。[19]最近几年中，最高法院认同了其他类型[20]，包括
性别[21]、民族血统[22]，或者非婚生子女[23]等，他们的权利都依
据条款受到保护。

---

〔16〕　美国宪法第十四修正案，§1. 尽管该项规定主要针对各州，但最高法院认
为，联邦政府也不得违背该法案而做出"未证成的"（unjustifiable）歧视行为。Bolling
v. Sharpe，347 U. S. 497（1954）.

〔17〕　See Chapter 2，note 3 *supra*.

〔18〕　See e. g.，ECHR art. 14.

〔19〕　屠宰场组案（Slaughter-House Cases），83 U. S.（16 Wall.）36（1873）.

〔20〕　See Nowak and Rotunda，2000：ch. 14.

〔21〕　Reed v. Reed，404 U. S. 71（1971）.

〔22〕　Graham v. Richardson，403 U. S. 365（1971）.

〔23〕　New Jersey Welfare Rights Org. v. Cahill，411 U. S. 619（1973）.

法院对某种个体属性或者类别的"认同"，到底意味着什么？为了证成其拓展特定类型个体宪法保护范围的权力，最高法院提出了适用于政府法律及行为的司法审查标准，其中包括适用于"可疑类型"的"严格审查标准"；适用于"非可疑类型"的"理性审查基础"；适用于"半可疑类型"的"居中审查标准"。[24]上述类型根据不同的标准予以确定，例如"孤立且封闭的少数族群"（已发现一些此类族群）中的成员身份；或者具备某种"不可变更属性"（例如肤色或者其他一些解剖学特征）；或者关于特定群体相对的"政治劣势"。[25]

考虑到美国最高法院长期以来精心阐明的法律智识，以及深刻呈现和开拓的法律思维与智慧，我们所确立的形式模型，在将美国与其他国家的法律予以整合的基础上，是否破坏了最高法院几十年来严谨细致地通过个案判决所确认的精确性呢？为了检验该形式模型的准确性，美国就平等保护法学提供了大量有针对性且细节丰富的语料库。

在克利本市诉克利本生活中心（Cleburne v. Cleburne Living Center）[26]一案中，法庭作出的判决几乎倾尽全部篇幅来讨论司法审查标准的重述和检验。基于拒绝许可为智力迟缓者提供教养机构，克利本市作为起方向应方提出起诉。法庭必须明确智力迟缓这一属性，是否可以纳入被认同为"可疑"或者"半可疑"的类型（比如种族、血统或性别）当中。依据法庭意见，基于上述类别而构成区别对待的政府行为，应当遵循"强化审查标准"。这意味着，

116

---

〔24〕 Cf. Heinze，2003b.

〔25〕 See United States v. Carolene Products，304 U. S. 144，152n. 4（1938）. Cf. Tribe，1988：ch. 16.

〔26〕 473 U. S. 432（1985）.

对不属于上述类型个体进行区别对待所形成的预设来说，政府必须克服一种更强的违宪性预设。[27]

依据作为"可疑"或"半可疑"智力迟缓形成的差异，法庭没有予以认同。怀特大法官（Justice Byron White）指出："**立法被推定为有效，并且这种效力会维持下去，如果法规确立的类型化体系，从理性层面上与正当国家利益相关，这是通常的规则。然而，当面对法律依据种族、国际或者血统进行区别对待时，该项规则的效力就应予否弃。[...] 这些法律就应当受到严格的审查。**"[28]与此意见不同，马歇尔大法官（Justice Marshall）认为，"加强而非严格的审查，对于像性别、非婚生子女或者国籍等属性的考察，被认为是适当的，因为法庭相信在特定而非其他情境下，这些属性具有相关性。"[29]史蒂文斯大法官（Justice Stevens）也同时指出：

> 我们审判的案件体现出从"严格审查"……到"理性基础"的一个……持续期间。就这些所谓"标准"能够充分揭示裁决进程的观点，从来没有说服过我。[...] 我一直自问是否可以找到涉案类型的一项"理性基础"。[...] 我们不需要适用特定标准，或者遵循"严格审查原则"，甚至"强化审查标准"来裁决此类案件。[30]

117　　怀特法官**否弃一般规则效力**的观点，马歇尔法官提出的**特定而非其他情境下的相关属性**，以及史蒂文斯法官的**理性基础**只是同一标准的三种不同表述吗？如果答案是否定的，那么三者是因为表述语言，还是仅仅由于它们达成的实质结果而不同？怀特法官在采用

---

〔27〕　See Tribe, 1988: ch. 16.

〔28〕　473 U. S. at 440.

〔29〕　*Id.* at 469（Marshall, concurring in the judgement in part and dissenting in part）.

〔30〕　*Id.* at 451 – 52（Stevens, J., concurring）.

马歇尔的**情境**验证之后，一定会得出不同的结论吗？如果适用史蒂文斯的**理性基础**验证，马歇尔会不会被迫得出不同的结果？换句话说，三位法官能够在交换其立场中的相关术语之后，仍然维持相应的结论吗？我们再次发现，不同司法权限之间引发的不确定性问题，与司法权限以内裁决某一案件的不同法官之间引发的问题是一样的。

这些问题及其明确答案在平等保护裁决中的缺失，说明即使是精进的权利法学，也难以达至更为精准的程度。史蒂文斯法官明确否认法庭中的语词适用可以超越通常的理性化（或者"理性基础"）概念。只要拓展"理性基础"的概念，他就可以得出上述结论，以至于证成诸如种族类型的理性基础减少，而形成更广泛的、支持例行立法或者行政层面类型的基础。[31]那么，在实质结果相同，而只有名义上推理过程的差异前提下，每一项依据"强化审查标准"裁决的案例，可能都已经依据"理性基础"原则得以审查，**反之亦然**。[32]只经过"理性基础"审查，而将智力迟缓作为非可疑类型的法庭判决（而这种判决使上述规定遵循"恰与强化审查相关的深度调查类型"[33]）所带来的困惑，马歇尔法官如此建议时也予以认同。

当然，可能有学者会指出，正是疑难案件带来了法律上的问题：只有在类似智力迟缓属性的复杂案件中，才会遇到这样的困难。然而，即使是普通的类型也无法避免这些问题。法官一旦将性

---

〔31〕 关于例行立法或行政类型，参见 14.5 部分。

〔32〕 Cf. 473 U. S. at 451 n. 2 (Stevens, J., concurring) （表明在其他一些案例中，法官们对于审查标准的确定性表达了疑虑）. Cf. also Craig v. Boren, 429 U. S. 190, 211 (1976) (Stevens, J., concurring).

〔33〕 473 U. S. at 458.

别作为法律保护的类型[34]——不像智力迟缓类型，该类型涉及半数人口的利益——他们就不得不将其与别的类型区分开来。[35]种族类型在多萨德案中被认为没有论证效力，而性别差异则作为主要评价对象。因而，法庭通常会采取对受保护类型的"双重"审查标准。诸如种族或者民族血统这样的类型被解释为"可疑的"而应当受到"严格审查"，而性别则被视为"半可疑的"且应当受到适中的审查。[36]其他类型，比如例行的法定与管理类型，则被视为"非可疑"而只需要受到低阶的理性基础审查。[37]实质上，这些不同层级的审查只是意味着法庭愿意在涉及性别差异的案件中，接纳比涉及种族案件更广范围的"o"的逻辑值。这是所有看似复杂的司法审查方案**能够**（can）诠释的意义。"强化审查标准"只能意味着对 A 立场逻辑值的更多考量和认同；"理性基础审查"只能意味着对 Z 立场逻辑值的更多考量和认同；而"居中审查标准"则只能说明在两者之间所遵循的特定程度。

在区分适用于性别和种族的审查标准，或者此种类型与其他类型——比如例行的法定与管理类型——的相应标准的过程中，不能说法庭的意见是未经证成的。然而，关于"可疑"、"半可疑"和"非可疑"类型的差异及其相对应审查标准的复杂性，只能以并非精准的术语来表述这些差异。我们的形式模型无法对实质结果有所推进，只能探明论证进程和观点初次形成时包含的形式确定性基础。此模型意味着形式确定性的终止，和实质论证的——不考虑其

---

[34] See Reed v. Reed, 404 U. S. 71（1971）.

[35] See e. g., Boren, 429 U. S. 190（1976）. Cf. *id.* at 210（Powell, J., concurring）. Cf. also *id.* at 217（Rehnquist, J., dissenting）.

[36] Cf. Tribe, 1988：1561–65.

[37] See e. g., FCC v. Beach Communications, 508 U. S. 307（1993）.

中的确定性程度问题——展开，比如将共识 F. 14 - 1 和 F. 14 - 2 作为基础的论证。进一步说，法官们就上述棘手和复杂的差异性带来了这样的问题，即审查标准的确定性能否推进和突破纯粹形式结构的理念；以及鉴于其表面的错综复杂，这些标准在非美国法庭适用的"理性化"或者"比例性"等更为普通的原则中，最终是否会变得难以辨识。[38]

　　姑且回到我们的形式模型当中。克利本案的争议源于这样一种市区划分令，即要求起方获得特定的许可，从而将本市的某座建筑出租，从而为具有轻度或者中度智力迟缓的个体提供社区护理中心。对于智力正常的个体来说，并不存在上述要求。克利本市基于多种原因支持该法令，例如其辩称道，为智力迟缓者提供居所的建议，引发了对周围居民的安全考量，从而证成了对上述许可的否决。[39]在这一点上，智力迟缓的客观状态本身建构了——无关于任何智力迟缓者的实际行为，同时也并非此争议的核心议题——客观状态的不平等，后者蕴含了关于租赁居所资质的不相当主观价值（F. 14 - 2）。然而，法庭采纳了起方的这一观点，即"纯粹的否定态度或者惧怕……并不构成对智力迟缓者的居所和其他公寓住宅、多层住宅等居所进行区别对待的许可性基础"[40]。鉴于实际居住在护理中心的个体以及可能提供的监管措施，法庭并未找到"相信……这些居所会对城市合理利益带来任何特定威胁的理性基础"[41]。因而，基于在社区内设立居所的目的，智力迟缓者的相当主观价值——未向就本地居民未经证实的惧怕心理让步的前提

---

〔38〕　Heinze，2003b.

〔39〕　473 U. S. at 448.

〔40〕　*Id.*

〔41〕　*Id.*

下——蕴含着平等的客观状态（F. 14 - 1）。

克利本市还引证了两项具有家长主义色彩的反对意见。护理中心的所在地与一所初中相邻，市政官员担心学校的学生可能会干扰居民的正常生活。[42]据此，智力迟缓的客观状态蕴含着某种易受攻击性（vulnerability），亦即就预期居住者而言的不相当主观价值（F. 14 - 2）。法庭将对加诸居民特定危险的恐惧，与另一种恐惧相类比。后者由他们造成的危险带来："学校里面本身就有大约 30 名智力迟缓的学生，并且基于此种含混与未加区分的恐惧而否定一项许可，是再一次认同社区部分居民求证是否存在违背平等保护条款的情形。"[43]法庭据此认为这种恐惧心理没有合理根据，并确认了对智力迟缓个体来说，蕴含着客观状态平等的相当主观价值（F. 14 - 1）。

第二项家长主义的反对意见源于该居所地处于冲积平原。对于克利本市来说，智力迟缓属性与易受攻击的脆弱性相适应，以及包含着对预期居住者来说的不相当主观价值（F. 14 - 2）。然而，在发现该法令并未反映出对区域内其他居民建筑的关切，包括供膳寄宿处和联谊会会堂等时，法庭得出结论认为，社区护理机构"不会带来其他变化或特定风险"[44]——就这一点而言，相当主观价值蕴含着客观平等（F. 14 - 1）。[45]

14.5 例行法定与管理类型

传统模型同样包含通常在例行法定与管理类型中形成的断言。

---

[42] *Id.* at 449.

[43] *Id.*

[44] *Id.*

[45] 最后一项反对意见有关居所面积和居民数量，是以同样的思路予以论证的。See *id.* at 449 - 450.

实质上任何法令与管理的类型都和一定程度的强制性或专断性相适应，从而揭示了其中歧视性断言预期的可能空间。这些争议也阐明了，那些可能包含强制要素的实质性法律区分，为什么反而满足了形式确定性的要求。

在 1949 年的铁路快递公司诉纽约（Railway Express Agency v. New York）[46]一案中，美国最高法院必须裁决，一项纽约交通法规是否违背了平等保护条款（the Equal Protection clause）。该法规指出："任何人不得在任一条街道驾驶广告宣传车"，对于"车主在日常商务活动中……在商务运载车辆上发布的商品推荐信息"[47]则可以视为例外。该项法规通过减少或避免司机和路人通行的注意力被转移，或者受到影响，从而构成推进交通安全的重要方式，纽约市因而一直维系着该法规的有效性。

一家出售机动车车身两侧广告位的公司提出了控诉。在该公司看来，无论是谁拥有或驾驶机动车，或者具有怎样的目的，广告本身是否具有分散注意力的属性都是明确的。起方认为，相对于其他任一具有车载广告的交通工具而言，他的机动车辆并不会分散他人更多注意力。据此起方断言，相当主观价值可以作为上述机动车辆（无论是否应用于车主日常商务运营）之间客观平等的基础（F. 14 − 1）。然而在法庭看来："纽约市将这种可能具备干扰注意力特性的机动车排除出有效交通工具范围，而没有触及其他看似更为重要的因素。该事实并非是实质性的。"[48]法庭认同了纽约市的决定——尽管其中包含"理论上的不一致"[49]——即区分出用于以及

120

---

[46]　336 U. S. 106 (1949).

[47]　*Id.* at 107 − 08.

[48]　*Id.* at 110.

[49]　*Id.*

没有用于车主日常事务的机动车，从而为了达到其安全的目的，明确两者的客观不平等（F. 14 - 2）："而这里讨论的平等保护要求，并非涉及是否根除所有同类的恶。"[50]

德国基本法（German Basic Law）的第 3 条第 1 款规定了平等保护的权利（*Gleichheitssatz*），其适用范围涵盖了多种有关起方质控的、涉及权利或利益行使不公平待遇的案例。[51]在 1990 年的一项案例中（下文中将称其为街道税收案），[52]德国联邦最高行政法院（*Bundesverwaltungsgericht*）裁定对巴伐利亚一项法令的适用无效，该法令要求某土地所有者应就其毗邻街道的土地支付街道维护税金。虽然紧靠街道，但这片土地并没有直接通向街道的出口。该土地所有者作为起方继而抱怨其依据上述法令受到了——相对于那些缺失直接通向街道路径，并且无需缴付街道维护税的土地所有者的——不平等对待。

正如比利时语言案那样，本案也可以通过两种形式相反但实质相同的方式来理解。按照第一种解读方式，起方针对的是——相较于有直接通向街道路径的毗邻土地所有者的——平等对待 $[A_i: T^{\sim\gamma}]$，并且与强制性不平等对待的规范断言 $[A_i: \sim T^c]$ 相关联。官方政府的回应是断言事实性与规范性平等对待的断言 $[Z_i: T^{\sim\gamma} \cdot T^p]$。按照另一种解读方式，起方针对的是——相较于缺失通向街道路径的土地所有者的——不平等对待 $[A_{ii}: \sim T^{\sim\gamma} \cdot T^c]$，官方的回应则是这种不平等得到了证成 $[Z_{ii}: \sim T^{\sim\gamma} \cdot \sim T^p]$。在上述两种解读方式中，并非是 τ 的逻辑值区分了 θ 立场的两个子集。在各个子集中，

121

[50]　*Id.*
[51]　Bleckmann, 1997: 644 - 45.
[52]　81 BVerwGE 371 (1990).

τ 只是代表税金的征收。区分 θ 立场的两个子集的，是适用于 τ 中 o 的相应逻辑值。当 o 代表无通向街道路径的土地所有权属性时，起方辩称，该路径的缺失意味着她所坚持的关于拒绝纳税的相当主观价值，和以此为基础的——相较于其他缺失通向街道路径地产——客观平等（A_{ii}，F. 14 - 1）。官方回应道，相较于其他缺失直接路径的客观不平等状态——在不毗邻街道地产的范围内——足以证成基于拒绝纳税目的的不相当主观价值（Z_{ii}，F. 14 - 2）。与之相应地，当 o 代表毗邻街道土地所有权的属性时，起方辩称她无法像其他毗邻地产权属人那样使用街道，这就为发现作为毗邻土地的不平等客观状态提供了充分条件：

$$F. 14 - 3 \quad A_i : \left[\ (T^{\sim\gamma} \cdot \sim S \cdot \sim O) \ \cdot \ (\sim S \rightarrow \sim T^c) \ \right] \Rightarrow B$$

然而对于政府来说，毗邻街道的客观状态本身，足以证成关于纳税目的的相当主观价值的发现：

$$F. 14 - 4 \quad Z_i : \left[\ (T^{\sim\gamma} \cdot S \cdot O) \ \cdot \ (O \rightarrow T^p) \ \right] \Rightarrow \sim B$$

正如在比利时语言案中那样，法庭没有也无需明确区分 θ_i 和 θ_{ii} 立场。论证的两个子集构成了统一论据的组成部分。当然，正是因为起方土地与没有通向街道路径的地产在性质上更为接近，其与毗邻街道的土地之间相似性就更少。

14.6 积极平权举措

美国的阿德伦德建筑公司诉佩纳案（Adarand Constructors v. Pena），[53] 源于美国交通运输部相关部门提出的一项政策。该政策

---

[53] 515 U. S. 200（1995）.

对联邦高速公路建设合同中，向少数族裔控股企业转包的一部分予
以奖励。通过诉诸历史上白人和有色人种参与建筑行业比例不对等
的情形，政府支持并维护这种区别对待的模式。据此，这种客观不
平等有效证立了对于多数白人来说不相当主观价值的发现
（F. 14 - 2）。然而，法庭认为该政策违宪。阿德伦德建筑公司宣
称，在具备以更低成本完成项目投标设计的前提下，该政策导致其
错失签署联邦高速公路建设合约的机会。该公司进而断言其具备完
成预期项目任务的相当能力，即证成了与少数族裔控股和非少数族
裔控股企业之间客观平等的发现，其中包含了对平等对待的要求
（F. 14 - 1）。就本案来说，其意义在于合同签署的机会应当赋予最
佳的投标企业。

　　类似的论证还出现在基于性别的积极平权案件当中。欧洲联盟
平等待遇指令（European Communities Equal Treatment Directive）禁
止性别歧视，然而"在推进男性和女性享有平等机会的措施中不存
在偏见，尤其是在排除对影响女性机会既有不平等现状的情形
下"[54]。卡兰克诉不来梅州自由汉萨市（Kalanke v. Freie Hanses-
tadt Bremen)[55]一案关注一项不来梅公园管理部门出台的、关于特
定男性和女性具有同等资质情形下妇女晋升优先的政策。正如在阿
德伦德案中那样，该项政策是基于这种现状，即工作场所中男性和
女性一直以来都受到不平等待遇（F. 14 - 2）。起方（一位男性雇
员）宣称一位女性基于该政策得到晋升而获得比他更高的职位，尽
管他具备同等或者更高的工作资质（F. 14 - 1）。法庭解释了指令
的第 2 条第 4 款，从而许可这样的措施，即"着眼于提升女性在劳

---

〔54〕　76/207/EEC, 1976 O. J. (L 39/40), art. 2 (4).

〔55〕　Case 450/93, 1995 E. C. R. 3051.

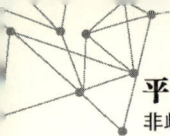

动市场的竞争力,以及在同步节奏下追求职业目标而赋予女性特别的优先权"[56]。而法庭进一步指出:"确保女性绝对和无条件优先权的国家规则,不但超出了职业晋升方面的平等机会,同时逾越了第 2 条第 4 款例外情形的界限。"[57]

随后的马歇尔诉北威州案(Marschall v. Land Nordrhein-West-falen)[58]与卡兰克案很难统一,法庭对此案亦主张不同的观点。马歇尔针对的是一项学校优惠政策,即"在更高职级中多数为男性时,将赋予女性在平等适应性、竞争力和专业表现方面的晋升优先权,除非存在对特定候选人来说,就其利益使这种平衡状态倾斜的明确理由"[59]。卡兰克案中,该男性雇员抱怨在同等或者更高资质前提下未能获得晋升机会(F. 14 – 1)。然而法庭接受了应方立场(F. 14 – 2),因为尽管卡兰克案中的政策正视了对具备平等资质女性的优先对待,但男性雇员(至少在原则上)获得了使平衡状态倾斜的个体化评估。[60]我们再一次看到,正如美国联邦最高法院的法官在克利本案中持不同意见,分化立场中存疑的实质兼容性,丝毫不会影响歧视性案件中确认其论证属性的形式化准则。

14.7　疑难案件

123

事实上,卡兰克和马歇尔案并非是不太融贯的积极平权举措审判中仅有的例子。前述关于阿德伦德案的分析可能会形成论证清晰

---

〔56〕　*Id.* at 3077.

〔57〕　*Id.* at 3078.

〔58〕　Case 409/95, 1997 E. C. R. 6363.

〔59〕　*Id.* at 6386.

〔60〕　*Id.* at 6392 – 93.

的印象；然而这几乎是不可能的。阿德伦德案源于针对平权措施近二十年的抗争，后者造成了一系列曲折复杂的（也可以说存在内在矛盾的）案件。看起来将阿德伦德案简化为两种相对立选项的二分法——要么是 A 立场，要么是 Z 立场——好像未能反映出法庭因循一系列案件而形成的错综复杂的裁判思维路径。那么让我们更进一步地审视这些案件，从而考量这样的问题——其不仅关涉平权举措本身，还探索解决争议话题的整体司法路径。我们提出的两极化模型，如何能够解释包含复杂内容的判例法中无序的边缘化问题和灰色区域？

1978 年的加州大学诉巴基案（University of California v. Bakke）[61]包含对一项大学平权政策的反对意见。该政策要求为少数民族申请者预留一部分居所。依据鲍威尔法官（Justice Powell）的一项审判意见，法庭认为该政策是歧视性的，但其最终的结论是在有限前提下认为，该政策确立了明晰的配额，即在 100 处居所中预留出 16 处。[62]在表明基于实质前提下更为灵活的政策具备合宪性这一观点时，布伦南、怀特、马歇尔和布莱克门几位法官都支持鲍威尔的意见——从而形成五位法官的大多数意见。而上述的实质前提，主要包括：可证实的历史与现实的种族歧视，还有推进社会和教育多样化的公共利益。[63]

在两年以后的富利洛夫诉克卢茨尼克案（Fullilove v. Klutznick）[64]中，法庭支持了联邦少数族裔预留项目。少数族裔控股和运营的涉

---

〔61〕　438 U. S. 265（1978）.

〔62〕　*Id.* at 316.

〔63〕　*Id.* at 316 - 18. See also *id.* at 324（Brennan, J., concurring in the judgement in part and dissenting）（joined by White, Marshall and Blackmun, JJ.）.

〔64〕　448 U. S. 448（1980）.

及特定公共建设项目的企业，因为该项目获得了有限的优待。然而，再也不会出现多数法官（依据同样的实质前提）予以支持的情形。相反，主审法官伯杰（Justice Burger）得到多数认同的意见，通过引证联邦制度在狭义层面的考量，辩称该联邦项目依据第十四修正案第 5 款[65]的规定，应当得到法庭的尊重和支持。第 5 款明确授权议会执行平等保护条款[66]中的规定，从而打开了这样的可能性空间，即州或者当地政府基于上述实质前提实施同样的项目，进而导致违宪认定的结果。

这种可能性在里士满诉 J. A. 克罗松公司（Richmond v. J. A. Croson Co.）[67]一案中变成了现实，法庭撤销了一项当地少数族裔预留项目。从本案深入到阿德伦德案，法庭的多数意见都尝试将富利洛夫案中联邦制度的意义，框定在最小范围之内。最近，联邦最高法庭已拒绝听取——引发了最高法庭默许的问题———项针对联邦巡回法庭判决的上诉。该判决拒绝了已在巴基案中为五位法官所认同的，相对灵活的大学平权措施接纳项目，并直截了当地指出基于种族的优先权"本身应被禁止"[68]。那么，关于是否任何一种平权项目目前都能够经受法庭的详尽审查，以及基于何种前提可以做出上述结论，这些最终的问题仍然没有明确的答案。

我们的形式化模型，没有清晰记述此种精确程度下的决疑化差异。这并非其目的，正如在克利本案、卡兰克案和马歇尔案中看到的，其目的仅仅在于在可能的范围内，将争议当中教义学意义上的

124

〔65〕 U. S. Const. amend. XIV, § 5.

〔66〕 448 U. S. at 472.

〔67〕 488 U. S. 479（1989）.

〔68〕 Hopwood v. Texas, 78 F. 3d 932（5th Cir. 1996）, cert. denied, 518 U. S. 1033（1996）.

复杂性定位于明确的形式化框架当中。因而在这些案例中，在不考虑其教义学理由的前提下——亦即，无论其平权行为是基于实质前提还是基于联邦制度更为狭义的解释，法庭以接受由 Z 立场导出的逻辑值 o，来确认若干形式平权措施的合宪性（F.14－2）。在确认若干平权措施具有违宪性时——法庭接受由立场 A 导出的逻辑值 σ（F.14－1），而同样不考虑其教义学理由，即使这些理由与多数法官先前接受的理由具有鲜明的对抗性。

练习题 14－1

从下列论证当中推导出一般化公式。

A：$[(\tau^{\sim\gamma} \cdot \sigma \cdot o) \cdot (\sigma \rightarrow \tau^c)] \Rightarrow B$

1. A：$[(\sim T^{\sim\gamma} \cdot S \cdot O) \cdot (S \rightarrow T^c)] \Rightarrow B$

2. A：$[(T^{\sim\gamma} \cdot \sim S \cdot \sim O) \cdot (\sim S \rightarrow \sim T^c)] \Rightarrow B$

练习题 14－2

从下列论证当中推导出一般化公式。

Z：$[(\tau^{\sim\gamma} \cdot \sigma \cdot o) \cdot (o \rightarrow \tau^p)] \Rightarrow \sim B$

1. Z：$[(\sim T^{\sim\gamma} \cdot \sim S \cdot \sim O) \cdot (\sim O \rightarrow \sim T^p)] \Rightarrow \sim B$

2. Z：$[(T^{\sim\gamma} \cdot S \cdot O) \cdot (O \rightarrow T^p)] \Rightarrow \sim B$

练习题答案

125

练习题 14－1

1. (1) A：$[(\sim T^{\sim\gamma} \cdot S \cdot O) \cdot (S \rightarrow T^c)] \Rightarrow B$　　　　给定论证

(2) A：$[(\tau^{\sim\gamma} \cdot S \cdot O) \cdot (S \rightarrow T^c)] \Rightarrow B$　　　　$Ps(\tau^{\sim\gamma})$

（3）A：$[(\tau^{\sim\gamma}\cdot\sigma\cdot O)\cdot(\sigma\to T^{c})]\Rightarrow B$ Ps(σ)

（4）A：$[(\tau^{\sim\gamma}\cdot\sigma\cdot o)\cdot(\sigma\to T^{c})]\Rightarrow B$ Ps(o)

∴ A：$[(\tau^{\sim\gamma}\cdot\sigma\cdot o)\cdot(\sigma\to\tau^{c})]\Rightarrow B$ Ps(τ^{c})

2.（1）A：$[(T^{\sim\gamma}\cdot\sim S\cdot\sim O)\cdot(\sim S\to\sim T^{c})]\Rightarrow B$ 给定论证

（2）A：$[(\tau^{\sim\gamma}\cdot\sim S\cdot\sim O)\cdot(\sim S\to\sim T^{c})]\Rightarrow B$ Ps($\tau^{\sim\gamma}$)

（3）A：$[(\tau^{\sim\gamma}\cdot\sigma\cdot\sim O)\cdot(\sigma\to T^{c})]\Rightarrow B$ Ps(σ)

（4）A：$[(\tau^{\sim\gamma}\cdot\sigma\cdot o)\cdot(\sigma\to T^{c})]\Rightarrow B$ Ps(o)

∴ A：$[(\tau^{\sim\gamma}\cdot\sigma\cdot o)\cdot(\sigma\to\tau^{c})]\Rightarrow B$ Ps(τ^{c})

练习题 14－2

1.（1）Z：$[(\sim T^{\sim\gamma}\cdot\sim S\cdot\sim O)\cdot(\sim O\to\sim T^{p})]\Rightarrow\sim B$ 给定论证

（2）Z：$[(\tau^{\sim\gamma}\cdot\sim S\cdot\sim O)\cdot(\sim O\to\sim T^{p})]\Rightarrow\sim B$ Ps($\tau^{\sim\gamma}$)

（3）Z：$[(\tau^{\sim\gamma}\cdot\sigma\cdot\sim O)\cdot(\sigma\to\sim T^{p})]\Rightarrow\sim B$ Ps(σ)

（4）Z：$[(\tau^{\sim\gamma}\cdot\sigma\cdot o)\cdot(\sigma\to\sim T^{p})]\Rightarrow\sim B$ Ps(o)

∴ Z：$[(\tau^{\sim\gamma}\cdot\sigma\cdot o)\cdot(o\to\tau^{p})]\Rightarrow\sim B$ Ps(τ^{p})

2.（1）Z：$[(T^{\sim\gamma}\cdot S\cdot O)\cdot(O\to T^{p})]\Rightarrow\sim B$ 给定论证

（2）Z：$[(\tau^{\sim\gamma}\cdot S\cdot O)\cdot(O\to T^{p})]\Rightarrow\sim B$ Ps($\tau^{\sim\gamma}$)

（3）Z：$[(\tau^{\sim\gamma}\cdot\sigma\cdot O)\cdot(\sigma\to\sim T^{p})]\Rightarrow\sim B$ Ps(σ)

（4）Z：$[(\tau^{\sim\gamma}\cdot\sigma\cdot o)\cdot(\sigma\to\sim T^{p})]\Rightarrow\sim B$ Ps(o)

∴ Z：$[(\tau^{\sim\gamma}\cdot\sigma\cdot o)\cdot(o\to\tau^{p})]\Rightarrow\sim B$ Ps(τ^{p})

第 *15* 章 效果模型

与传统模型不同的是，本书其他模型更多地反映有针对性的问题。在本章，我们将考察那些源于此类断言的论证，即某些政策或者实践构成了歧视效果，而无论是否存在歧视意图。

15.1 一般形式

正如传统模型那样，起方在**效果模型**（impact model）中的论证以涉及主观价值的断言为前提。然而，应方作为回应的论证却并非建立在客观不平等的前提下，而是基于就主观价值的**相反**（contrary）预设。也就是说，全部争议都落脚在 σ 的逻辑值上面：

$$A: \left[(\tau^{\sim\gamma} \cdot \sigma \cdot o) \cdot (\sigma \rightarrow \tau^{c}) \right] \Rightarrow B$$
$$Z: \left[(\tau^{\sim\gamma} \cdot \sigma \cdot o) \cdot (\sigma \rightarrow \tau^{p}) \right] \Rightarrow \sim B$$

15.2 歧视效果

自 20 世纪中叶以来，控诉有特定效果的歧视断言呈逐年上涨的趋势。这些断言主张，即使应方并没有明确的歧视意图，但由于不恰当地使部分公众在特定方面处于劣势，从而造成在政策或者实

践中的歧视效果。[1]例如，欧盟的谢思达城诉巴伐利亚州（Gerster
v. Freistaat Bayern)[2]一案主要关注一项就业政策的合法性问题。
该政策将兼职工作的时间从基于晋升目的的总时间计算中排除。即
使在**表面**上具有中立性，起方却主张该政策事实上形成对女性的歧
视，因为女性构成了相关兼职劳动力的87%。[3]起方指出，全职工
作时间并不必然产生更高质量的工作经验或者劳动技能。[4]法庭接
纳了她的观点，即女性具备的相当主观价值，构成了基于寻求职业
晋升目的的男性与女性之间的客观平等。因而兼职工作获得晋升资
质的剥夺，相当于一种形式上的不平等——即使并非故意——　　127
对待：

$$\text{F. 15} - 1 \quad \text{A：} \left[(\sim T^{\sim \gamma} \cdot S \cdot O) \cdot (S \to T^c) \right] \Rightarrow B$$

巴伐利亚政府在证立该项政策的正当性过程中，辩称兼职工作
只是形成了低水平的工作经验；[5]后者包含的不相当主观价值，可
以证成基于性别区分效果的任意一种客观不平等：

$$\text{Z：} \left[(\sim S \to \sim O) \cdot (\sim O \to \sim T^p) \right] \Rightarrow (\sim S \to \sim T^p)$$

因此推出：

$$\text{F. 15} - 2 \quad \text{Z：} \left[(\sim T^{\sim \gamma} \cdot \sim S \cdot \sim O) \cdot (\sim S \to \sim T^p) \right] \Rightarrow \sim B$$

实际上在此类效果案件中，如果的确没有明确依据指定客观状
态而形成的政策或者行为，论者会期待通过不相当实质性价值来证
成区别对待的结果。

---

[1] Cf. Townshend-Smith 1998：ch. 9；Zimmer *et al.*．1997：chs. 5，6.
[2] Case 1/95，1997 E. C. R. 5253.
[3] *Id.* at 5264.
[4] *Id.* at 5286.
[5] *Id.*

来看一些其他案例。美国华兹考夫包裹公司诉安东尼案（Wards Cove Packing Co. v. Atonio），[6]源于一项阿拉斯加鲑鱼罐头加工产业中的歧视性控诉。罐头加工厂中的工作主要分为两种。许多非技能性的"罐头加工岗位"都由菲律宾人和本土的阿拉斯加人承担。相反，薪水更高的技能性"非罐头加工岗位"工作人员则主要是白人。许多罐头加工工人提出控诉，宣称该工厂在非罐头加工工作的雇佣对象中存在对有色人种的歧视。例如在一轮招聘中，医药岗位中只有17%的新雇员是有色人种，在办公室岗位中只有15%，与此不同的是，罐头加工工人的有色人种比例高达52%。起方指出，尽管没有主观的故意，但雇主确实在非一线职位招聘中更加青睐白色人种。其结果就是在有利于白人的情境下，潜在的能够胜任非一线工作的有色人种因为被忽视而错失良机（F. 15 – 1）。应方自然没有依据传统模型在处理工作能力问题上断言有色人种的不平等状态。相反，在应方为法庭所认同的立场中，正是工作资质的缺失形成了不相当主观价值，从而证立了因此带来的白种人和有色人种之间的不平等（F. 15 – 2）。

瑞士法院曾受到一系列关于消防部门招聘歧视的控诉。[7]法官对于消防部门倾向于招聘男性的支持，一定程度上是依据作为表面上中立的准则，即男性相对健壮有力的身体条件（F. 15 – 2）。然而，随着越来越多的女性因具备完成相应消防任务的同等能力而被认同与接受，最高法院成功地对上述制约进行了违宪审查。

128

---

〔6〕　490 U. S. 642（1989）.

〔7〕　Müller, 1999：445 – 46.

1. 从论证 A：[（～T^{~γ}·S·O）·（S→T^c）]⇒B 推导出一般化公式 A：[（τ^{~γ}·σ·o）·（σ→τ^c）]⇒B。

2. 从论证 Z：[（～T^{~γ}·～S·～O）·（～S→～T^p）]⇒～B 推导出一般化公式 Z：[（τ^{~γ}·σ·o）·（σ→τ^p）]⇒～B。

练习题答案

练习题 15－1

1. （1）A：[（～T^{~γ}·S·O）·（S→T^c）]⇒B   给定论证

   （2）A：[（τ^{~γ}·～S·～O）·（～S→T^c）]⇒～B   Ps(τ^{~γ})

   （3）A：[（τ^{~γ}·σ·～O）·（σ→T^c）]⇒～B   Ps(σ)

   （4）A：[（τ^{~γ}·σ·o）·（σ→T^c）]⇒～B   Ps(o)

   ∴ A：[（τ^{~γ}·σ·o）·（σ→τ^c）]⇒～B   Ps(τ^c)

2. （1）Z：[（～T^{~γ}·～S·～O）·（～S→T^p）]⇒～B 给定论证

   （2）Z：[（τ^{~γ}·～S·～O）·（～S→T^p）]⇒～B   Ps(τ^{~γ})

   （3）Z：[（τ^{~γ}·σ·～O）·（σ→T^p）]⇒～B   Ps(σ)

   （4）Z：[（τ^{~γ}·σ·o）·（σ→T^p）]⇒～B   Ps(o)

   ∴ Z：[（τ^{~γ}·σ·o）·（σ→τ^p）]⇒～B   Ps(τ^c)

第 *16* 章　适应模型

　　本章将考察另一种更为独特的断言类型，亦即其中涉及的歧视是由于未能采取充分措施来适应个体的特殊需求或处境。

16.1　一般形式

　　在**适应模型**（accommodation model）中，σ 和 o 的位置相对于传统模型来说刚好相反。现在是起方从他或者她关于客观状态的抽象性观点，推导出就主观价值的论证；应方则通过就起方主观价值的个体化断言予以回应：

$$A: \left[(\tau^{\sim\gamma} \cdot \sigma \cdot o) \cdot (o \to \tau^c) \right] \Rightarrow B$$

$$Z: \left[(\tau^{\sim\gamma} \cdot \sigma \cdot o) \cdot (\sigma \to \tau^p) \right] \Rightarrow \sim B$$

16.2　残疾

　　在起方基于他们的客观状态主张特殊主观需求的情形中，适应模型得以普遍适用。通过引入就主观需求的性质或者重要性的相对立观点，应方对未能适应上述需求的结果予以证成。在有关残疾人士的情境中，越发频繁地出现此种情形。正如在一项研究中指出的

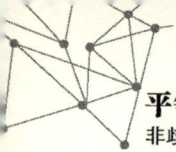

那样，"只有在雇主提供的工作条件能够以某种方式适应他们的残疾现状时，一些个体才可能胜任特定工作。这些人与其他多数依法应受保护的群体不同，他们要求特定形式的适应条件或者不同的对待方式，从而获得享有平等的工作机会与相关利益的途径。"[1]

在范德·赞德诉威斯康星州政府部门案（Vande Zande v. State of Wisconsin Department of Administration）[2]中，一位女性认为依据美国残疾人法案（the Americans with Disabilities Act），[3]她的雇主未能依据她部分瘫痪的身体状况调整工作条件。就应方已经做出某些调适这一点，双方已经达成共识。存在争议的部分在于起方的附加要求，而应方拒绝予以满足。那么，就存在争议的调适要求来说，雇员在该正式问题中强调的并不是受到了——相对于其他非残疾雇员的——不平等对待，而恰恰是因为和他们的待遇平等。在此情形下，残疾被主张为一种——相较于其他雇员的健康状态——不平等客观状态，从而证成了相对于其他雇员更强烈（因而也是不相当的）主观需求的发现：

A：$[\ (\sim O \rightarrow \sim S)\ \cdot\ (\sim S \rightarrow \sim T^c)\ ] \Rightarrow (\sim O \rightarrow \sim T^c)$

因此推出：

F.16 – 1   A：$[\ (T^{\sim \gamma} \cdot \sim S \cdot \sim O)\ \cdot\ (\sim O \rightarrow \sim T^c)\ ] \Rightarrow B$

应方拒绝进一步调适工作条件是因为，这样会带来很高的附加成本，而只在很小程度上提升起方的生产效率与舒适度。在一定程度上，适当的调适已经提供。而超出此种程度，雇主认为拒绝雇员进一步的要求具有恰当性——亦即就雇员来说，不再预设更多作为

130

〔1〕 Zimmer *et al.*, 1997：824.

〔2〕 44 F. 3d 538（7th Cir. 1995）.

〔3〕 42 U.S.C. § § 12101 *et seq.*（1990）.

平等对待残疾雇员和健康雇员基础的相当（与特定需求不同）需求：

$$Z: \left[(S{\rightarrow}O) \cdot (O{\rightarrow}T^p) \right] \Rightarrow (S{\rightarrow}T^p)$$

因此推出：

$$F.\ 16-2 \quad Z: \left[(T^{\sim\gamma} \cdot S \cdot O) \cdot (S{\rightarrow}T^p) \right] \Rightarrow \sim B$$

16.3 宗教

当代人权法律文本中的非歧视性规则通常会包含罗列清晰的受保护类型，比如种族、民族或者性别等，[4]其中最为常见的类型就是宗教。然而，除了按照非歧视性规范将宗教作为保护类型之一，个人权利法律文本通常还包括显著的宗教自由权利。[5]例如《欧洲人权公约》第 14 条在明确保护的几种类型中包含了宗教，这样所有个体都可以享有公约所规定的权利，而不论其宗教信仰情况如何；然而，这种独立性可能被解释为只提供最低限度的保护，从而容许了这种可能，即特定国家对宗教自由施以严格管制，只要这种制约范围对于所有宗教来说是同等的。于是，《公约》第 9 条依据宗教信仰的独特性，规定"人人有权享有……宗教自由的权利"，从而确认一些有意义的最低限度的实质保护。

的确，有的学者可能会认为第 14 条将宗教信仰包含进去是多余的，因为第 9 条为避免宗教利益受到侵犯理应提供了至少是平等的——如果不是更多的话——保护。美国《权利法案》（the US Bill

---

〔4〕 See UDHR art. 2；ICCPR arts. 2，26. Cf. Section 14. 4，text accompanying note 18 *supra*.

〔5〕 See e. g. ，UDHR art. 18；ICCPR art. 18.

of Rights）中的相关理念可以作为引证。第一修正案中的自由行使宗教权利条款（The Free Exercise Clause）规定："议会不得制定……禁止宗教权利自由行使的法律。"[6]尽管已将该款规定普遍适用于解决基于宗教的不公平待遇诉讼中，最高法院却并未将宗教纳入到平等保护法学（Equal Protection jurisprudence）当中。然而，关于自由行使宗教权利条款是提供了额外的保护，还是仅仅发挥了针对宗教的平等保护条款的作用，判例法体系并没有给出答案。[7]那么，平等保护原则对于自由行使权利法学来说，到底是"地面"（floor）还是"天花板"（ceiling）这个问题仍然悬而未决：政府按照自由行使宗教权利条款应当提供的宗教平等保护，到底是最少的还是最多的？正如其他模型那样，实质分歧并不排除具有形式确定性的结构。

鲍恩诉罗伊案（Bowen v. Roy）[8]的起因，是作为起方的一位美国本土居民，在基于宗教原因拒绝提供孩子的社会保险号码之后，他的孩子未能享有社会福利待遇。在一项得到多数支持的意见中，三位法官不同意突破最大化的作为"天花板"的主张。他们认为社会保险号码的分配可以作为获得福利待遇的条件，只要政府可以证明施加该条件的方式"中立和统一"，即没有鲜明针对任何一种宗教。[9]在其他反对意见中，奥康纳法官（Justice O'Connor）拒绝了这样的立场："这种验证……使第一修正案中的一项重要价值

---

〔6〕 U. S. Const. amend. Ⅰ. The provision of the First Amendment have been held by the Court to be applicable to the States. See e. g., Nowak and Rotunda, 2000：368 – 70.

〔7〕 Cf., with respect to the Establishment Clause, *Mitchell v. Helms*, 530 U. S. 793 (2000).

〔8〕 476 U. S. 693 (1986).

〔9〕 476 U. S. 693, 707 – 08 (1986) (Burger, C. J., joined by Powell and Rehnquist, JJ.).

降到最低限度，即平等保护条款已经规定的最小化审查标准。"[10]
在第二年的一项审判中，[11]多数法官拒绝了罗伊案里的多数意见，
转而支持奥康纳法官的立场。可三年以后，在俄勒冈州人力资源部
就业处诉阿尔弗雷德·史密斯案（Employment Division v. Smith）中
法庭又重新采纳了罗伊案的多数意见。[12]在该案中，法庭支持了俄
勒冈州关于使用佩澳特碱*的禁令。尽管其在土著美国人的宗教活
动中具有仪式性功能，但基于其对健康的危害性，该药品被俄勒冈
州法律定性为管制药物。虽然不同意多数意见的法官并不完全认同
一项可替换的立场，他们仍旧支持奥康纳法官在罗伊案中提出的通
用方法。[13]

　　在这些案例中，采纳"地面"方法的起方尝试寻求一些针对他
们信仰对象的肯定调适（F. 16-1）：罗伊案中要求提供社会保险
号码的豁免；史密斯案中施加于药物使用处罚措施的豁免。应方则
采纳"天花板"的方法，为了证成客观平等（F. 16-2）而只是把
相当（与特别价值相对应）价值归属于起方。

　　1964 年的美国民权法案（the United States federal Civil Rights
Act of 1964）[14]在第 7 章中的确将宗教列举在歧视行为依据类型
（例如种族、肤色、性别或者族裔）当中。而论证中引述的正式立

---

　　[10] *Id.* at 724（O'Connor, J., concurring in part and dissenting in part, joined by Brennan and Marshall, JJ.）.

　　[11] Hobbie v. Unemployment Appeals Comm'n. 480 U. S. 136（1987）.

　　[12] 494 U. S. 872（1990）.

　　*佩澳特碱（peyote），是一种从名为"乌羽玉"（Lophophora williamsii）的植物上提取的致幻剂。一些土著美国人教会在其宗教仪式中会食用佩澳特碱。——译者注

　　[13] See *id.* at 891（O'Connor, J., concurring in the judgement, joined in part by Brennan, Marshall and Blackmun, JJ.）. See also *id.* at 907（Blackmun, J., dissenting, joined by Brennan and Marshall, JJ.）.

　　[14] 42 U. S. C. §2000e -2（1964）.

场往往是相同的。威尔逊诉美国西部通讯公司（Wilson v. U. S. West Communications）案[15]中，受到宗教信条的促动，一位女性身穿佩有反堕胎徽章（描绘流产胚胎图像）的衣服进入工作场所。后来她被公司解雇，理由是这种徽章给其他同事造成压力并干扰了正常的工作环境。起方辩称雇主有义务按照法案第7章适应她的宗教信条（F. 16 - 1）。然而，法庭作出了对雇主有利的判决，认为对高效与适切的工作环境的需求与着装的要求有着充分的关联性，因而应当许可雇主在设定着装标准时拥有一定的自由裁量权。从这一观点来看，雇主有资格确认起方在着装方面只享有相当（而非独特）的权益，从而证成了在她与信奉其他信条的人之间的客观平等（F. 16 - 2）。

16.4　与效果模型的比较

英国伦敦地铁公司诉爱德华（London Underground Ltd. v. Edwards）案[16]中，起方认为伦敦地下交通网络的变更对于单身母亲造成了歧视效果。独自抚养年幼孩子的单身母亲爱德华女士，承担从周日到周五的地铁列车司机工作，值班时间从早上8点或8点半到下午的4点或4点半。后来，地铁管理部门采用了新的时间表，在没有额外薪水的前提下，要求雇员选择从早上4点45分开始工作，或者承担更长时间的轮班。

地铁管理部门辩称100%的男性雇员和95%的女性雇员都未反对新的时间安排。可以说，所有反对意见都只反映了她个人的需

---

〔15〕　58 F. 3d 1337（8th Cir. 1995）.

〔16〕　［1997］Industrial Rel. L. R. 157.

求，并且只关注她遵循日常工作要求的意愿——就她而言这项缺失
133 的意愿表明了相对于其他男性与女性雇员的相当主观价值的缺失：

$$\text{F.16-3}\quad Z: \left[(T^{\sim\gamma} \cdot \sim S \cdot \sim O) \cdot (\sim S \rightarrow \sim T^p) \right] \Rightarrow \sim B$$

　　法庭注意到，在 2044 名列车司机中只有 21 位女性，并发现女
性雇员总数所占比例之小，使人不得不对 95% 的女性雇员认同的证
明力产生怀疑。这些论证说明了按照效果和适应模型而形成的 Z 立
场中的相似性，尤其是在应方对统计数据的依赖这一相似性上。然
而，起方的立场将争议纳入调适性框架，因为她（成功）辩称其作
为单身母亲的地位必须，并且能够作为草拟工作时间表的考量因素
（F.16-1）。

练习题 16-1

　　1. 从公式 A: $\left[(T^{\sim\gamma} \cdot \sim S \cdot \sim O) \cdot (\sim O \rightarrow \sim T^c) \right] \Rightarrow B$ 推导出
一般化公式 A: $\left[(\tau^{\sim\gamma} \cdot \sigma \cdot o) \cdot (o \rightarrow \tau^c) \right] \Rightarrow B$。

　　2. 从公式 Z: $\left[(T^{\sim\gamma} \cdot S \cdot O) \cdot (S \rightarrow T^p) \right] \Rightarrow \sim B$ 推导出一般化公
式 Z: $\left[(\tau^{\sim\gamma} \cdot \sigma \cdot o) \cdot (\sigma \rightarrow \tau^p) \right] \Rightarrow \sim B$。

　　3. 从公式 Z: $\left[(T^{\sim\gamma} \cdot \sim S \cdot \sim O) \cdot (\sim S \rightarrow \sim T^p) \right] \Rightarrow \sim B$ 推导出
一般化公式 Z: $\left[(\tau^{\sim\gamma} \cdot \sigma \cdot o) \cdot (\sigma \rightarrow \tau^p) \right] \Rightarrow \sim B$。

练习题答案

练习题 16-1

1. (1) A: $\left[(T^{\sim\gamma} \cdot \sim S \cdot \sim O) \cdot (\sim O \rightarrow \sim T^c) \right] \Rightarrow B$　　　给定论证

(2) A: $\left[(\tau^{\sim\gamma} \cdot \sim S \cdot \sim O) \cdot (\sim O \rightarrow \sim T^c) \right] \Rightarrow B$　　Ps($\tau^{\sim\gamma}$)

(3) A: $\left[(\tau^{\sim\gamma} \cdot \sigma \cdot \sim O) \cdot (\sigma \rightarrow \sim T^c) \right] \Rightarrow B$　　Ps(σ)

$(4)\, A{:}\left[\,(\tau^{\sim\gamma} \cdot \sigma \cdot o) \cdot (\sigma \rightarrow \sim T^c)\,\right] \Rightarrow B$ \qquad $Ps(o)$

$\therefore\, A{:}\left[\,(\tau^{\sim\gamma} \cdot \sigma \cdot o) \cdot (\sigma \rightarrow \tau^c)\,\right] \Rightarrow B$ \qquad $Ps(\tau^c)$

2. $(1)\, Z{:}\left[\,(T^{\sim\gamma} \cdot S \cdot O) \cdot (S \rightarrow T^p)\,\right] \Rightarrow \sim B$ \qquad 给定论证 134

$(2)\, Z{:}\left[\,(\tau^{\sim\gamma} \cdot S \cdot O) \cdot (S \rightarrow T^p)\,\right] \Rightarrow \sim B$ \qquad $Ps(\tau^{\sim\gamma})$

$(3)\, Z{:}\left[\,(\tau^{\sim\gamma} \cdot \sigma \cdot O) \cdot (\sigma \rightarrow T^p)\,\right] \Rightarrow \sim B$ \qquad $Ps(\sigma)$

$(4)\, Z{:}\left[\,(\tau^{\sim\gamma} \cdot \sigma \cdot o) \cdot (\sigma \rightarrow T^p)\,\right] \Rightarrow \sim B$ \qquad $Ps(o)$

$\therefore\, Z{:}\left[\,(\tau^{\sim\gamma} \cdot \sigma \cdot o) \cdot (\sigma \rightarrow \tau^p)\,\right] \Rightarrow \sim B$ \qquad $Ps(\tau^p)$

3. $(1)\, Z{:}\left[\,(T^{\sim\gamma} \cdot \sim S \cdot \sim O) \cdot (\sim S \rightarrow \sim T^p)\,\right] \Rightarrow \sim B$ \qquad 给定论证

$(2)\, Z{:}\left[\,(\tau^{\sim\gamma} \cdot \sim S \cdot \sim O) \cdot (\sim S \rightarrow \sim T^p)\,\right] \Rightarrow \sim B$ \qquad $Ps(\tau^{\sim\gamma})$

$(3)\, Z{:}\left[\,(\tau^{\sim\gamma} \cdot \sigma \cdot \sim O) \cdot (\sigma \rightarrow \sim T^p)\,\right] \Rightarrow \sim B$ \qquad $Ps(\sigma)$

$(4)\, Z{:}\left[\,(\tau^{\sim\gamma} \cdot \sigma \cdot o) \cdot (\sigma \rightarrow \sim T^p)\,\right] \Rightarrow \sim B$ \qquad $Ps(o)$

$\therefore\, Z{:}\left[\,(\tau^{\sim\gamma} \cdot \sigma \cdot o) \cdot (\sigma \rightarrow \tau^p)\,\right] \Rightarrow \sim B$ \qquad $Ps(\tau^p)$

第 *17* 章 非承认模型

有关特定类型本身的存在的论证有时也会成为论证的议题。本章将以对此论证的简要分析结束讨论。

17.1 一般形式

依据适应模型，我们看到起方辩称他们的客观不平等证成了不相当——特定——价值的发现（F. 16 – 1）。应方回应道，对方诉求的积极措施并非必不可少（F. 16 – 2）。应方还可以通过另一种方法回应，即否认——**作为要求特殊认同状态的**——客观状态本身的存在：应方辩称起方的客观状态自然与其他类似情境下的客观状态相同，因为其并不作为独特的客观状态而存在。整个争议进而指向了对 o 的表述：

$$A: \left[(\tau^{\sim \gamma} \cdot \sigma \cdot o) \cdot (o \to \tau^c) \right] \Rightarrow B$$
$$Z: \left[(\tau^{\sim \gamma} \cdot \sigma \cdot o) \cdot (o \to \tau^p) \right] \Rightarrow \sim B$$

在有争议的案件中，非承认模型是四种模型中最不常见的一种。即使如此，对其进行简要的分析仍然是值得的。

17.2　作为特殊状态的资格

在范德·赞德案中，应方提出的可替换论证是否认争议中特殊残疾类型的存在，从而不具有证成任一基于相关对待模式的特定客观状态的依据。应方将该论证建立在这种断言的基础上，即起方的条件"并未满足对残疾的法定诠释"[1]。否认起方断言的客观状态的存在，实际上就是否认上述状态所有内在属性的存在（这些属性造就了与其他雇员之间不平等的状态），并进而否认作为发现不相当——也就是特定的——主观价值基础的客观不平等。

F. 17－1　Z：[（O→S）·（S→T^p）]⇒（O→T^p）

136

由此推出：

F. 17－2　Z：[（T$^{~\gamma}$·S·O）·（O→T^p）]⇒~B

通过承认残疾类型，进而接受起方初始的情形（F. 16－1）而解决关于适当成本（F. 16－2）的问题，法庭摒弃了作为初步事项的上述论证。那么在范德·赞德案中，该模式只以初始的方式出现，而没有成为本案的核心论证。

练习题 17－1

1. 从公式 Z：[（T$^{~\gamma}$·S·O）·（O→T^p）]⇒~B 推导出一般化公式 Z：[（$\tau^{~\gamma}$·σ·o）·（o→τ^p）]⇒~B。

---

[1]　44F. 3d 538，543－44（7th Cir. 1995）.

　　非承认模型使歧视性法律中论证的四种一般形式变得更加完整。通过回顾，我们已经发现，即使在单一的社会体制下，远未集中于原则序列的权利法学也仍然受到不确定性的制约。在任一体系中尚且无法找到统一的方法，就更不用说所有体系了。然而，这种贯穿所有体系并极为显著的多样化，并不意味着统一性是绝对缺失的。为了确定体制内和体制间非歧视性论证中非统一性的程度与界限，形式化分析提供了一种有效方式。

　　在以 θ 立场表述的范围之内，我们看到一项论证可以支持或者反对特定的歧视性断言。对歧视性裁决的断言中，一项论证必然构成若干 τ、σ 和 ο 的组合并蕴含一项结论 β。这些符号与它们可能的内在关联，只能在固定的立场范围内呈现，正如在传统、效果、适应和非承认模型中阐明的那样。上述形式立场代表一定程度的绝对形式化和歧视性法学内在的统一性。关于规则确定性的命题本身蕴含了一项涉及确定性的问题：可归于 θ 立场中所使用符号的一系列实质性逻辑值，仍然受到更高或者更低程度不确定性的制约。实质确定性和不确定性关系的问题是更为惯常的法理学问题，而本书并未对此展开讨论：可以说本书分析结束之处就是上述问题开始之处。

137　　本书的目的是识别与确定，而非推崇或者否弃已被详细阐明的形式化结构。如果该形式化结构表现出僵化或者机械性，那只是源于非歧视性法律本身的僵化与机械性。如果其具有可操作性，那也只能说明非歧视性法律本身的可操作性。如果该结构制约了以下方式的真正多样化——依据该方式人类的基本利益要遵循法律的规定，那也只是因为这种制约内嵌于其中且无法摆脱。形式化结构只是信息传递的载体，而不是信息本身。

练习题答案

练习题 17 −1

$(1)\mathrm{Z}:[(\mathrm{T}^{\sim\gamma}\cdot\mathrm{S}\cdot\mathrm{O})\cdot(\mathrm{O}\rightarrow\mathrm{T}^{\mathrm{p}})]\Rightarrow\sim\mathrm{B}$ 给定论证

$(2)\mathrm{Z}:[(\tau^{\sim\gamma}\cdot\mathrm{S}\cdot\mathrm{O})\cdot(\mathrm{O}\rightarrow\mathrm{T}^{\mathrm{p}})]\Rightarrow\sim\mathrm{B}$ $\mathrm{Ps}(\tau^{\sim\gamma})$

$(3)\mathrm{Z}:[(\tau^{\sim\gamma}\cdot\sigma\cdot\mathrm{O})\cdot(\mathrm{O}\rightarrow\mathrm{T}^{\mathrm{p}})]\Rightarrow\sim\mathrm{B}$ $\mathrm{Ps}(\sigma)$

$(4)\mathrm{Z}:[(\tau^{\sim\gamma}\cdot\sigma\cdot\mathrm{o})\cdot(\mathrm{o}\rightarrow\mathrm{T}^{\mathrm{p}})]\Rightarrow\sim\mathrm{B}$ $\mathrm{Ps}(\mathrm{o})$

$\therefore\ \mathrm{Z}:[(\tau^{\sim\gamma}\cdot\sigma\cdot\mathrm{o})\cdot(\sigma\rightarrow\tau^{\mathrm{p}})]\Rightarrow\sim\mathrm{B}$ $\mathrm{Ps}(\tau^{\mathrm{p}})$

附录　符号与公式

138 **算子**

：	立场
⊂	可能逻辑值的集
=	等值
·	合取（并且）
→	条件句（如果……那么……）

标记

γ	规范性
~γ	事实性
c	强制性
p	许可性

立场

A	起方	Z：	应方的立场
A：	起方的立场	θ	当事人
Z	应方	θ：	当事人的立场

断言

τ	对待	~T^c	强制性不平等对待
τ$^{\sim\gamma}$	关于对待的事实断言	T^p	许可性平等对待
τ$^\gamma$	关于对待的规范断言	~T^p	许可性不平等对待
τ^c	强制性对待	o	客观状态
τ^p	许可性对待	O	平等的客观状态
T^c	强制性平等对待	~O	不平等的客观状态

167

σ	主观价值	β	违背或者没有违背的结论
S	平等的主观价值	B	违背
~S	不平等的主观价值	~B	没有违背

公设

$Ps(\theta)$	$\theta \subset A, Z$	$Ps(\tau^{\gamma})$	$\tau^{\gamma} \subset \tau^c, \tau^p$
$Ps(\tau_1)$	$\tau \subset T, \sim T$	$Ps(\tau^{\sim \gamma})$	$\tau^{\sim \gamma} \subset T^{\sim \gamma}, \sim T^{\sim \gamma}$
$Ps(\tau^c)$	$\tau^c \subset T^c, \sim T^c$	$Ps(\tau_2)$	$\tau \subset \tau^{\gamma}, \tau^{\sim \gamma}$
$Ps(\tau^p)$	$\tau^p \subset T^p, \sim T^p$	$Ps(o)$	$o \subset O, \sim O$
$Ps(\gamma)$	$\gamma \subset c, p$	$Ps(\sigma)$	$\sigma \subset S, \sim S$

定理

$Th(\tau^{\gamma})$	$\tau^{\gamma} \subset T^c, \sim T^c, T^p, \sim T^p$
$Th(\tau)$	$\tau \subset T^c, \sim T^c, T^p, \sim T^p, T^{\sim \gamma}, \sim T^{\sim \gamma}$

参考文献

Aristotle, 1941a, *Nicomachean Ethics*, in Richard McKeon, ed. , E. M. Edghill et al. , trans. , *The Basic Works of Aristotle*, New York: Random House.

Banton, Michael, 1999, "Discrimination Entails Comparison," in Titia Loenen and Peter Rodriquez, eds. , *Non-Discrimination Law*: *Comparative Perspectives*, The Hague: Martinus Nijhoff, pp. 107 – 117.

Bleckmann, Albert, 1997, *Staatsrecht II—Die Grundrechte*, 4th ed. , Cologne: Carl Heymanns.

Carnap, Rudolph, 1958, *Introduction to Symbolic Logic and its Applications*, W. H. Meyer and J. Wilkinson, trans. , 1958, New York: Dover.

Cotterrell, Roger, 1989, *The Politics of Jurisprudence*, London: Butterworths.

Detlefsen, Michael et al. , 1999, *Logic from A to Z*, London: Routledge.

Dijk P. van and G. J. H van Hoof, 1998, *Theory and Practice of the European Convention on Human Rights*, 3rd ed. , The Hague: Kluwer Law International.

Dworkin, Ronald, 1986, *Law's Empire*, London: Fontana.

———, 1977, *Taking Rights Seriously*, London: Duckworth.

Fletcher, George, 1996, *Basic Concepts of Legal Thought*, Oxford: Oxford Univer-

sity Press.

Grayling, A. C. , 1997, *An Introduction to Philosophical Logic*, 3rd ed. , Oxford: Blackwell.

Grice, H. Paul, 1975, "Logic and Conversation," in Peter Cole and Jerry L. Morgan, eds. , *Syntax and Semantics*, Vol. 3, pp. 41 – 58 [reprinted in A. P. Martinich, ed. , *The Philosophy of Language*, 3rd ed. , Oxford: Oxford University Press, ch. 11] .

Guttenplan, Samuel, 1997, *The Languages of Logic*, 2nd ed. , Oxford: Blackwell.

Harris, D. J. , M. O' Boyle and C. Warbrick, 1995, *Law of the European Convention on Human Rights*, London: Butterworths.

Hart, H. L. A. , 1961, *The Concept of Law*, Oxford: Oxford University Press.

Heinze, Eric, 2004, *The Logic of Constitutional Rights*, Ann Arbor: University of Michigan Press (forthcoming) .

_____ , 2003a, *The Logic of Liberal Rights*, London: Routledge.

_____ , 2003b, "The Logic of Judicial Review: A Deontic Analysis," *Vermont Law Review*, Vol. 28 (forthcoming) .

_____ , 2001, "Sexual Orientation and International Law: A Study in the Manufacture of Cross-Cultural 'Sensitivity' ," *Michigan Journal of International Law*, Vol. 22, pp. 1 – 27.

_____ , 2000, Review of Elias Kastanas, *Unité et diversité: notions autonomes et marge d'appréciation des Etats dans la jurisprudence de la Cour européenne des droits de l'homme*, in *Modern Law Review*, Vol. 63, pp. 155 – 58.

_____ , 1999a, "Principles for a Meta-Discourse of Liberal Rights: The Example of the European Convention *on Human Rights*," Indiana International and Comparative Law Review, Vol. 9, pp. 319 – 394.

_____ , 1999b, "The Construction and Contingency of the Minority Concept," in D. Fottrell and B. Bowring, eds. , *Minority and Group Rights in the New Millenni-*

um, The Hague: Martinus Nijhoff.

_____, 1998, "Victimless Crimes," *in Encyclopedia of Applied Ethics*, Vol. 4, pp. 463 – 75.

_____, 1994, "Equality: Between Hegemony and Subsidiarity," *Rev. Int'l. Comm'n Jurists*, No. 52, pp. 56 – 65.

Henkin, Louis, 1990, *The Age of Rights*, New York: Columbia.

Heringa, Aalt, 1999, "Standards of Review for Discrimination: The Scope of Review by the Courts," in Titia Loenen and Peter Rodriquez, eds. , *Non-Discrimination Law: Comparative Perspectives*, The Hague: Martinus Nijhoff, pp. 25 – 37.

Hohfeld, Wesley N. , 1946, *Fundamental Legal Conceptions as Applied in Judicial Reasoning*, New Haven: Yale University Press [re – published in an edition by David Campbell and Philip Thomas, eds. , 2001, Aldershot: Ashgate] .

Kalinowski, Georges, 1972, *La Logique des normes*, Paris: Presses Universitaires de France.

Kelsen, Hans, 1960, *Reine Rechtslehre*, 2nd ed. , ViennA: Franz Deuticke.

Kelman, Mark, 1987, *A Guide to Critical Legal Studies*, Cambridge, MA: Harvard University Press.

Meier, Christian, 2000, *Der Denkweg der Juristen*, Münster: LITVerlag.

Müller, Jörg Paul, 1999, *Grundrechte in der Schweiz*, 3rd ed. , Bern: Stämpfli.

Nowak, John E. and Ronald Rotunda, 2000, Constitutional Law, 6th ed. , St. Paul: West.

Rawls, John, 1999, *A Theory of Justice*, 2nd ed. , Oxford: Oxford University Press.

Read, Stephen, 1995, *Thinking about Logic*, Oxford: Oxford University Press.

Robertson, A. H. and J. G. Merrills, 1996, *Human Rights in the World*, 4th ed. ,

Manchester: Manchester University Press.

Rodes, Robert E. and Howard Pospesel, 1997, *Premises and Conclusions: Symbolic Logic for Legal Analysis*, Upper Saddle River, N. J. : Prentice Hall.

Sainsbury, Mark, 1991, *Logical Forms*, Oxford: Blackwell.

Saunders, Kevin W. , 1990, "A Formal Analysis of Hohfeldian Relations," *Akron Law Review*, Vol. 23, pp. 465 – 506.

Simmonds, Nigel E. , "Introduction," in Wesley N. Hohfeld, *Fundamental Legal Conceptions as Applied in Judicial Reasoning*, 2001, Aldershot: Ashgate, pp. ix-xxix.

Soeteman, Arend, 1989, *Logic in Law*, Dordrecht: Kluwer.

Steiner, Henry J. and Philip Alston, 2000, *International Human Rights in Context*, 2nd ed. , Oxford: Oxford University Press.

Sumner, L. W. , 1987, *The Moral Foundation of Rights*, Oxford: Oxford University Press.

Townshend-Smith, Richard J. , 1998, *Discrimination Law*, London: Cavendish.

Tribe, Laurence, 1988, *American Constitutional Law*, 2nd ed. , New York: Foundation Press.

Vierdag, E. W. , 1973, *The Concept of Discrimination in International Law*, The Hague: Martinus Nijhoff.

von Wright, Georg Henrik, 1963, *Norm and Action*, London: Routledge and Kegan Paul.

_____, 1951, 'Deontic Logic', *Mind*, Vol. 60, pp. 1 – 15 [reprinted in G. H. von Wright, 1957, *Logical Studies*], London: Routledge, pp. 58 – 74.

Zimmer, Michael, J. , Charles A. Sullivan and Rebecca Hanner White, 1997, *Cases and Materials on Employment Discrimination*, 4th ed. , New York: Aspen.

案例、姓名和主题词索引

accommodation model，适应模型，129 –
33，135

Adarand Constructors v. Pena，阿德伦德
建筑公司诉佩纳案，121 – 22，123

administrative classifications，*see* statuto-
ry and administrative classifications，
管理类型，参见法定与管理类型

affirmative action，*see also* race，sex
and gender，积极平权举措，121 –
24；也可参见种族、性别与社会性别

age，*see* sexual orientation，age of con-
sent，年龄，参见性取向、承诺年龄

age of consent，*see* sexual orientation，
承诺年龄，参见性取向

Allegheny Pittsburgh Coal Co. v. *County
Commission*，阿勒格尼匹兹堡煤矿诉
县委员会案，59，60，65，67

Americans with Disabilities Act，美国残
疾人法案，129 – 30

antecedent（to conditional operator），
前件（条件运算符），17

arguments，derivation of，论证的，推
导，24 – 26

Aristotle，亚里士多德，4 n. 16

assertions，断言，13

factual，事实的，20 – 21

normative，规范的，20 – 21

attitudes，*see* propositional attitudes，态
度，参见命题态度

"*Belgian Linguistic*" case，"比利时语
言"案，2 n. 10，3 n. 11，48 –
51，57，59，60，61，63，65，
67，81 – 85，93，96 – 100，105，
111，120

benefits，*see* welfare benefits，待遇，参
见福利待遇

biconditional，*see* logical operators，双
条件的，参见逻辑算子

birth out of wedlock，非婚生子女，115

Bowen v. Roy，鲍恩诉罗伊案，131 – 32

Brown v. Board of Education，布朗诉教
育委员会案，113，114

声　明　1. 版权所有，侵权必究。

　　　　2. 如有缺页、倒装问题，由出版社负责退换。

图书在版编目（ＣＩＰ）数据

平等的逻辑：非歧视法律的形式分析/（英）埃里克·海因策著；徐梦醒译
北京：中国政法大学出版社，2017.2
ISBN 978-7-5620-7311-6

Ⅰ.①平…　Ⅱ.①埃…　②徐…　Ⅲ.①法律-研究　Ⅳ.①D9

中国版本图书馆CIP数据核字(2017)第018876号

出 版 者　　中国政法大学出版社

地　　址　　北京市海淀区西土城路 25 号

邮寄地址　　北京 100088 信箱 8034 分箱　邮编 100088

网　　址　　http://www.cuplpress.com（网络实名：中国政法大学出版社）

电　　话　　010-58908289（编辑部）58908334（邮购部）

承　　印　　固安华明印业有限公司

开　　本　　880mm×1230mm　1/32

印　　张　　7.000

字　　数　　170 千字

版　　次　　2017 年 4 月第 1 版

印　　次　　2017 年 4 月第 1 次印刷

定　　价　　32.00 元

《西方法律逻辑经典译丛》已出版书目

一扫购书

出版时间：201501
定价：32.00

法律推理方法

内容简介

本书要处理的是法律推理领域中的方法论问题，作者讨论了最根本的四种法律方法：逻辑、分析、论证和诠释，并表明了这些方法的精确性（科学性）、实用性。本书不仅可以成为法律人获取"利器"的重要路径，成为法学专业学生的教科书，而且也与哲学、政治学、社会学、心理学甚至经济学领域的专家学者密切相关。

作者简介

耶日·施特尔马赫 法学家、哲学家，波兰克拉科夫市雅盖隆大学法哲学与法律伦理学系主任、教授，海德堡和奥格斯堡大学荣誉博士。

巴尔托什·布罗泽克 法学家、哲学家，波兰克拉科夫市雅盖隆大学法哲学与法律伦理学系、哥白尼跨学科研究中心教授。

译者简介

陈伟功 男，哲学博士，现于北京第二外国语学院法政学院工作。主要研究领域为建设性后现代理论（伦理学、法哲学、政治哲学方向）。

内容简介

本书旨在为人工智能的法律应用提供哲学基础，研究了法律推理的逻辑方面。本书与法哲学、人工智能、逻辑以及论证理论领域的学者相关，并且也能作为人工智能与法、非单调推理和法律论证的研究生课程教科书。

作者简介

亨利·帕肯 现任论证计算模型协会（COMMA）执行委员会主席，荷兰法律知识与信息系统基金会（JURIX）主席。主要研究领域：计算论证、非单调逻辑、人工智能与法、论证理论、计算机科学等。

译者简介

熊明辉 哲学博士。现任中山大学教授，博士生导师，中山大学逻辑与认知研究所副所长。主要研究领域：非形式逻辑、法律逻辑、论证理论、人工智能与法、证据法学等。

一扫购书

出版时间：201501
定价：42.00

建模法律论证的逻辑工具
——法律可废止推理研究

论法律与理性

出版时间：201505
定价：49.00

内容简介

本书是关于法律融贯论的一个概要，其基本思想是合理支持以及理由权衡。在充分理解分析哲学成果（包括专业性成果）的基础上，本书以分析哲学的语言提供了一种法律理性主义理论。此外，该书预示并影响了发生于 20 世纪 90 年代的法律逻辑发展，即非单调（可废止）逻辑在分析法律推理中的发展。

作者简介

亚历山大·佩策尼克 1966 年成为克拉科夫大学法律方法研究所的教授；1978 年成为隆德大学法理学和"法律与计算"领域的教授。研究领域众多，其中尤以法律论证和法律融贯论为重。

译者简介

陈曦 现为深圳大学法学院讲师。主要研究方向为法哲学、法律逻辑，尤其专于法律规范性理论研究。

内容简介

本书主要围绕"法律逻辑的特性"这一核心问题展开，内容十分广泛，几乎涵括了现代西方著名法哲学家（如恩吉施、卡林诺夫斯基、佩雷尔曼、哈特、列维，等等）在法律论证问题上的所有观点，因此，堪称现代法律方法论的教科书。本书不仅适合专业的从事法理学、法律方法论以及法律逻辑研究的学者阅读，而且对于提高普通法律实践者的思维能力大有裨益。

译者简介

陈锐 男，哲学博士，西南大学法学院教授，理论法学方向博士生导师。主要研究领域为英美法律思想史、中西法哲学比较研究以及法律方法。

出版时间：201508
定价：32.00

法律与逻辑——法律论证的批判性说明

出版时间: 201508
定价: 58.00

前提与结论——法律分析的符号逻辑

内容简介

本书把现代逻辑的符号和方法运用到法律分析中，使得法律概念和法律规范变得明晰起来。本书具有以下四大特点：包含了清楚、简洁的标准命题逻辑与谓词逻辑的表达；涉及了法律论证中的逻辑运用，其中包括前提的否认或者辨别，以及诉讼的规则；在例题与习题中广泛运用法律材料、案例与法规。

作者简介

罗伯特·罗德斯 1956年加盟圣母大学法学院直到退休。主要研究领域有民事诉讼法、法伦理学、法理学、法制史等。

霍华德·波斯伯塞尔 美国北卡罗来纳大学博士，美国迈阿密大学哲学系退休教授，主要研究领域有逻辑学、认识论和大陆理性主义。

译者简介

杜文静 现任华东政法大学人文学院讲师和理论法学专业法律逻辑方向硕士生导师，研究方向为法律逻辑。

内容简介

本书讨论了规范的本质、法律中的融贯性、可废止性的本质、论辩术理论在人工智能与法领域中的作用、法的静态学和动态学，以及规则的一致性问题。本书的目标读者主要是分析法学以及人工智能与法领域中的研究者和学生。同时，本书也同样适合于那些对哲学逻辑和认识论研究感兴趣的读者。

作者简介

雅普·哈赫 荷兰马斯特里赫特大学法律基础与法律方法学系教授，当代知名法律逻辑学家、法理学家。其主要研究兴趣涉及法律理论、法律方法、规范、人工智能与法等领域。

译者简介

谢耘 逻辑学博士，现为中山大学哲学系副教授，逻辑与认知研究所专职研究人员。主要研究兴趣涉及非形式逻辑、法律逻辑以及当代论证理论研究。

出版时间: 201508
定价: 48.00

法律逻辑研究

虚拟论证
——论法律人及其他论证者的论证助手设计

出版时间：201601
定价：28.00

内容简介

本书涉及论证辅助软件，与文字处理软件协助书写处理及格式化文本类似，论证辅助软件能协助论辩任务的完成。作者采用跨学科方法，书中涉及人工智能、法学理论和论证理论的研究现状。对于那些兴趣旨在可废止论证、法律推理和论证辅助软件的人而言有一定意义。

作者简介

巴特·维赫雅 现为国际人工智能与法协会（IAAIL）执行委员会成员、论证计算模型系列国际会议成员。主要从事人工智能、论证与法的研究。

译者简介

周兀 女，中山大学逻辑与认知研究所博士生，师从熊明辉教授。主要研究方向为法律逻辑、人工智能与法。

内容简介

本书的目标是建模一种刻画法律证成的对话式模型，作者将它称之为"对话法律"。本书从证成的结果和过程的哲学讨论开始。本书与法律方法论、法律逻辑、人工智能与法以及法律信息学相关，适合这些领域的目标读者。同时，本书还适用于对逻辑程序及其应用感兴趣的读者。

作者简介

阿尔诺·洛德 现为荷兰阿姆斯特丹自由大学网络管理与规制教授，跨国法律研究系主任。师从荷兰著名法律逻辑学家哈赫。学术专长涉及网络管理与规制、人工智能与法、法律信息学等。

译者简介

魏斌 现为西南政法大学行政法学院讲师，中山大学逻辑学博士，主要研究兴趣：人工智能与法、法律逻辑、法律方法论和可计算论辩理论。

出版时间：201608
定价：36.00

对话法律
——法律证成和论证的对话模型

西方法律逻辑经典译丛

项目编辑◎彭　江　冯　琰

熊明辉

丁　利◎主编

着眼经典　放眼全球

通达法逻理性　助力司法公正　建设法治中国

全套购买

中山大学逻辑与认知研究所

中山大学法学理论与法律实践研究中心

中山大学法学院公共政策与法律制度设计研究中心

中国政法大学出版社

共同出品

编辑学堂

学精于勤　术在专攻　坚持做好书　编辑理想梦

交流合作：jiangp@cupl.edu.cn　　　010－58908289/91